心の師　良慶和上ひと言

髙梨直樹　編著

日本ビジネスプラン

まえがき

十数年前、清水寺・森清範貫主との貴重なご縁を賜って以来、私の京都での旅程は、その四季折々の観音浄土の景色にいたく魅惑されたこともあって、清水寺を中心に組むようになりました。以来毎年、四季折々に京都を訪ね、ここ数年は、一年に五、六回通うまでになりました。

数年前、清水寺境内を散策中に、大西良慶和上の御法話集『心』が目にとまり、早速購入したのですが、「文字に引き込まれるとは、こういうことか」と感じ入りました。以来、何とか全五巻をそのまま著せないものか、編集、構成できないものかと、考え抜きました。

しかし、多くの方々に和上の尊いお言葉を知っていただくには、私の初回拝読でいちばん心に響き、強く染みついた、いくつかのお言葉を知っていただくことからと思い、今回、その中から約五十本のお言葉を自分なりに選択させていただきました。なお、お言葉につづく私なりの感得・解釈については、叶わぬ願いとはいえ、ご生前に和上から直接ご教示いただくことができておったならと、読み返すたびにわが身の力不足を痛感しております。また、『心』と同様、『大西良慶和上全和歌集』からも多くの御詠歌を紹介しておきたかったのですが、これも残念ながら、そのいくつかをどうにか紹介できたにすぎません。

いつの日か、今回掲出できなかったお言葉、和歌の数々を再度まとめられたならと願うと同時に、その日まで、『心』と『全和歌集』を私の心の本として、座右の書として、何度読み返すことができるか、楽しみがひとつ増えた思いです。

本書の出版にあたり、「良慶和上追慕」としてご寄稿いただいた清水寺・森清範貫主、『心』を題材として刊行することをご了承いただいた同寺執事長・大西真與師、そして執筆にあたり懇切丁寧にご指導いただいた同寺学芸員・横山正幸先生には、心よりお礼申しあげます。

平成十八年年五月

編著者

『心の師　良慶和上 ひと言』の出版を歓ぶ

今年は、先師の清水寺中興開山・大西良慶和上が百九歳の長寿を全うされてから二十三周年になります。この時に当たり、ペネット社の高梨直樹氏が『心の師　良慶和上 ひと言《こと》』を出版されたことを、まことに有り難く、たいそう歓《よろこ》ばしく思います。

和上は、明治初年の廃仏毀釈《はいぶつきしゃく》の大法難で瀕死の大打撃をうけた日本仏教の復興を一大使命とされ、奈良の興福寺・法隆寺と京都清水寺の再興に献身され通されました。

そして、近代きっての法相唯識《ほっそうゆいしき》教学の碩学《せきがく》として、その蘊蓄《うんちく》を傾け、観音菩薩の大悲大慈の心と聖徳太子の「和」の教えを奉戴して、釈尊の正真の仏弟子たるべく生涯をかけて全国的な法話布教に東奔西走されました。

しかも、その御法話は、明治・大正・昭和と三時代百余年にわたる人生体験に裏づけされて、現代的に私たちの日常生活と結んで、とても解《わか》りやすく、ユニークな口調で語られ、世評を高く博してきました。

この『心の師　良慶和上 ひと言』は、その和上の御法話の中の心髄である精華の言葉を高梨氏が抜粋され、それに自分自身の感得を思う存分、素直に綴られたものです。

髙梨氏は至極良慶和上に私淑《ししゅく》され、深く清水観音に帰依《きえ》されておられ、その因縁で、私も平成十年に『人のこころ　観音の心』を日本経営協会総合研究所から出版してもらう余慶にあずかっており、この本でも「和上追慕」を添えさせていただきました。

ともあれ、この髙梨氏の労作によって、和上の直弟子である私が、学ぶべき点がたくさんあることを痛感しています。

読者の皆様方も、髙梨氏の感得・解釈にちなんで、銘めい自分の思いを自由自在にめぐらせて、和上の金言・玉句を味わってくださることを念願する次第であります。

合掌。

平成十八年五月吉祥日

京都清水寺貫主　森　清範

◆もくじ◆　心の師　良慶和上 ひと言

大西 良慶和上 御著『心』（五）より

地道に、まっすぐに生きる

知識が出て来ると感情が抑えられるの。結局人間に生まれている以上は、人間の社会の悩みというものとは、離れられないの。金持ちになっても同じことや。豪傑になっても同じことやの。……商売でもそうや。人間の生活そのものがそうやの。ですから、地道にまっすぐに生きている者がわりあい長くもてるわけだ。その人間の苦楽というものが、なかなか解決がつかないの。

わが子が生まれるとき、誰もが思うことは「五体満足であってほしい」ということではないでしょうか。それ以外に何を望むでしょうか。「おめでとう。可愛い子だね」、なかには「お前に似なくてよかった」と冗談をいう悪友もいますが、五体満足への願いは、お金持ちでもお金がなくても同じです。

そして、わが子に願うことは、健康に育ってほしい、幸せになってほしいということでしょう。「這えば立て、立てば歩めの親心」というのは、子どもがいくつになっても変わらない親の心境です。

「親の心、子知らず」などとよくいいますが、子どもがある一定の歳以上になれば、「子の心、親知らず」でもあるわけです。親子関係は、未来永劫ですし、それに伴う苦楽もまた未来永劫、尽きることはないでしょう。

さて、赤ちゃんは「泣くこと」で意思表示をします。お腹がすいたといっては泣き、おしめを取り替えてほしいといっては泣きます。そのうちに、「まーま」「あーあ」「うーう」といった、言葉ともつかない音声を発して意思を伝えるようになります。「言葉ともつかない音声」が、やがて言葉となり、徐々に正確な意思を伝えられるようになるわけですが、「言葉ともつかない音声」の時点ではすでに知恵がついています。と同時に、知識となっていきます。

お腹がすいて、何度「まーま」といっても、お母さんがお乳をくれない。「あー、お母さんは忙しいのかな。何か手を離せないことをやっているのかな」と、考えが広がります。幼稚園・小学校に行くようになって、「先生、先生」と何度呼んでも振り向いてくれない。「あー、忙しいんだな、きっと」と、相手のことを考えるようにもなります。

このようなことは、誰もが同様に経験したことがあることでしょう。子ども心に、相手を重んじることも覚えるわけです。「感情を抑える」というのは、「相手を重んじる」ということが大事だと思います。

相手のことばかり重んじて、いつも自分は引いてばかりでは、「損」と考えがちですが、そうではありません。「相手を重んじる」「一歩引いて相手のことを考える」ことは、「貸し」をつくることです。相手は「借り」ができたわけですから、いつか「返さなければ」となります。

ただし、これは「損得抜きの貸し借り」です。「いつになったら返してくれるのだろうか」などと、そろばん片手に考える貸し借りではありません。これが、人の道ではないでしょうか。

相手のためにしてあげたことは、徳です。得でもあります。そうして、日々、まっすぐに過ごしていけば、必ず徳も得も返ってきます。

時代劇や落語の話で「三方一両損」が取り上げられます。「この場を丸く収めるためには、皆が平等に損をする」わけですが、それは計算上のことです。大岡越前でも長屋の大家さんでもいいのですが、彼らがいいたいのは、「損して得を取れ」ということでしょう。また、「三方一両損」で納得したということは、「得を取ると同時に徳を得た」のです。

こういうことは、行司なしではなかなかできることではありません。どうしても「自分だけなぜ」という「損をしている気分」になりがちです。しかし、自分「だけ」ではないのです。「苦と楽」が巡り巡るように、自分と周りも巡り巡って、いつも一緒です。

「自分だけが損」という考え方は、「自分だけが得をしたい」という考え方の裏返しにほかなりません。それでは、楽をしたいために、いつまでも、いつになっても苦を背負っているようなものです。

「楽あれば苦あり、苦あれば楽あり」「損あれば得あり、得あれば損あり」です。それを知れば、いつも徳ありです。人生も商売も長持ちさせる秘訣は、「地道に、まっすぐ生きること」これ以外にないと思います。それをいつも観ている行司役は、「自分の心」でもあり、また周囲でもあります。誰にも平等に、必ずありますし、必ずいます。

ものみなに行くべき道のあるものを何とて人はふみ迷ふらむ

（『大西良慶和上全和歌集』より）

集めさえしなかったら

苦しみというものは何から起こるかといえば、かき集めるので難儀があるの。集めさえしなかったら、何でもええもんや。

例えば、切手を集めている人は、あれがない、これもほしいとなるでしょう。宴会をやるといえば、あの人を呼ぶならこの人もとなるでしょう。でも、お金がなければ話にならない。

やはり、このお金のかき集めが大変そうです。切手を集めようとしなければ、宴会をやろうと思わなければ、何でもなかったものをと、後悔がチラッと脳裏をかすめるかもしれません。もっとも、この程度のことなら「喉元過ぎれば熱さ忘れる」ですませてしまいます。

しかし、何のために集めるのか、集めなければならないのか、これを考えはじめると、やらなければよかったと思うときもあるでしょう。その「思うこと」が難儀なのではないでしょうか。

話は変わりますが、江戸時代の参勤交代制は、大名統制のために幕府が執った政策です。莫大な経費がかかるため、小禄の大名は往路だけで国元の金庫が空っぽになったようです。あの金沢百万石の大名前田家でさえ、その財政負担は相当なものだったとあります。

そこで、諸大名が考えたことは、国元を出るときは少人数で出発し、江戸が近づくと、近郊の農民らを集めて（アルバイトを雇って）隊列を大きくしたということが、史実に残っています。

この参勤交代制は、諸藩の財政をなるべく厳しくしておいて、幕府に刃向かえないようにすることが、本来の目的ですから、幕府にしてみれば想定通りなわけです。

ところが、諸大名にしてみれば国元の財政を破綻させるわけにはいかないし、登城するとなれば手ぶらで行くこともできず、それ相応の献上金やら献上物を持参するわけですから、たまったものではありません。ましてや、江戸には人質代わりの妻子がいるわけですから、江戸屋敷の維持費もバカにならない。

話題が、いきなり江戸時代に飛びましたが、いつの世も「集める」ことの苦労は並大抵ではなかったようです。

さて、現在も似たようなものではないでしょうか。現代版参勤交代制が存続しているような気がします。「新知事になったのでごあいさつを」「予算策定にあたって陳情を」「選挙があるのでご支援を」何かにつけて霞が関詣でをします。その際には、秘書官から管理職に至るまで、随行員を引きつれます。その人数といったら「団体割引」になりそうな数です。財政ひっ迫のため、売りに出し始めたとはいえ、東京事務所、東京公舎、なかには東京賓館などを常置している地方自治体も数多くあります。これでは、参勤交代そのものです。

なぜ、集めたがるのでしょうか。人よりも多くもちたがるのでしょうか。

欲さえなければと思うのですが、「欲＝希望」と考えると、まったく欲のないことも考えものです。

そこで、「あれがほしい」「こうなりたい」という欲が出たなら、それに向けて努力することです。ただし、その結果得た心の余裕を今度は、まわりに振りまくことです。それができないなら、単なる欲張りです。せっかく得た「余裕」も、あっという間になくなるでしょう。

良慶和上には、次のようなお言葉もあります。

もの集めたら苦しみや。お金でもね、それが乏しいので大切にするの。

いかがでしょうか。「乏しいので大切」にしたところから生まれるのが「余裕」です。大切さを忘れ、「乏しいからあれもこれも」と手に入れたものは「余分」です。

「余裕と余分」これは、どうやら心を豊かにするかどうか、そこに大きな違いがあるようです。

その瞬間が極楽

これで一杯飲んだらうまいなという、その瞬間が極楽やの。きらいなもの出たら、瞬間が地獄やの。そやってにね、人間が良いあんばいで、ああ結構やな。この世、このままが極楽にならなんだら、本当の信念になっていないの。

さて、「やけ酒」であっても、口にするその瞬間は極楽でしょうか。彼女と楽しい食事をしているときに、嫌いなものが出てきたならその瞬間は地獄でしょうか。

やけ酒であっても口にする瞬間は極楽でしょうし、彼女と一緒の楽しい食事でも嫌いなものが出てきたら地獄だと思います。しかし、どのようなことも必要・必然、ありのままと考えるならば、すべてのことが「今、そこにいること・いられること」は極楽です。

やけ酒を飲みたくなった原因は地獄かもしれませんが、ほんの少しでもそこから逃れて、忘れようと、酒を口にする瞬間は極楽です。彼女との食事という行為は、極楽だと思いますが、嫌いなものが出てきたら、やはり嫌いは嫌い、地獄です。

しかし、どう考えても極楽の中に地獄があるのであって、地獄の中に極楽があるとは考えにくいのです。なぜなら、今ここに生を受けていることが極楽と考えられるからです。

それではなぜ、人は「借金地獄」「ローン地獄」「交通地獄」……のように、「○○地獄」と軽々しく口から出るのでしょうか。これこそまさに、「今あることが極楽」だからではないでしょうか。今日中にお金を返さなくてはいけない、今月はローンが払えそうにないとなれば、普通は、右から左にお金を用立てすることなどできないわけですから、たしかに地獄です。

しかし、そうなってしまった原因を考えてみてください。「あれが欲しい」と後先を考えずにクレジットカードを使っていませんでしたか。

「このくらいならすぐ返せる」と軽い気持ちで、お金を借りていませんでしたか。欲しがった物は、必要不可欠でしたか。借りたお金は、生活上どうしてもなくてはならないお金でしたか。

普通に生活している状況の中で、少しでも昨日の自分よりも今日の自分のほうが向上しているように、わが身を鍛えることは人として立派なことです。しかし「人よりも」「まわりよりも」と、他者との比較で上を目指すのは、えてして物欲、金銭欲になりがちです。

日々、生きていくことに必死なら、物欲、金銭欲どころではありません。まずは「生を維持」しなければならないのです。その「生を維持」できているならば、それは極楽です。要は「このままが極楽」に気がついていないのです。

「信念」と、よくいいますが、それは「今ある自分」に気づくことではないでしょうか。「信念を曲げてはいけません」「信念を曲げてまで何をしようというのか」つまり、曲げてしまったなら、曲がった先はみえません。「尾行したのですが、あの曲がり角で見失いました」となりかねません。今ある自分を否定することです。

極楽とは、今ある自分とその居場所のことだと思います。そして、「今ある自分」には、信念が必要です。

こう考えると、「好き嫌い」で物事を判断することは怖いことです。その判断というのは、どうも欲から出ている心の動きのようだからです。「○○してくれるから好き・○○してくれないから嫌い」は、「自分は○○してほしい」という判断にほかならないからです。

信念を曲げてでも、やらなくてはならないことがあります。しかし、それは「今ある自分」に信念さえあれば、何も心配することはありません。なぜなら、信念がありさえすれば、そこは極楽だからです。

年どしにかはらぬことをくりかへしくりかへす身を喜びてあり

（『大西良慶和上全和歌集』より）

人間は知識がないの

人間は知識がないの。人間だけやないね、地上のものは全部知識がないね。知識というものは小学校の生徒も大学の学生のものも同じことやの。ただ、細かいか、粗いかの違いやの。たとえば「水」は顔を洗い、手を洗い、飲むものやと、子どもに教えるなら、それは知識になるけれど、大学生に同じことというても「偉いもんやな」なんていわへん。

「一を聞いて一を知る」段階から「一を聞いて十を知る」ようになるまで、人は日々、成長をつづけます。成長をつづけなければならないといったほうが、的を射ているかもしれません。

たとえば、人は一生のうちに一〇〇のことを平等に、実体験から学ぶとします。しかし、「それでは足りない」からと、多くの書物や人からも学びます。この「それでは足りない」ことを自然のまま、意識せずに補充しているのか、意識して補充しているのか、そこに大きな差が出てくるのだと思います。ただ、ここでいう「差」というのは、学力、能力の優劣ではありません。

仮に、一〇〇のことを一年にひとつずつ学ぶとしたなら、すべて学び終えるには百歳まで生きていなければなりません。人生八十年ならば、二〇のことは学ばずに終えてしまいます。

それでは「もったいない」、せっかく一〇〇もあるのに二〇も残して人生を終えるわけにはいかない。そこで、ある日ある時から「一を聞いて十を知る」ようになるのです。そうすると、千も万も学ぶことができます。

ところで、ある日ある時がいつごろなのか、そこが問題です。たとえば、普段の移動手段は、すべてクルマ、一度も電車に乗ったことのない人が、現在の自動券売機や自動改札をとまどうことなく、すんなりと通過できるとは思えません。あるいは、いつも現金決済、銀行通帳ももたないような人が、現金自動預払（ＡＴＭ）機で振込をするなどということとは、とてもむずかしいことではないでしょうか。

初めての電車、初めてのＡＴＭ機を経験して、知るのは、人によっては孫をもつような歳になってからということも考えられます。必ずしも大人だから知っている、子どもだから知らないとはかぎりません。知識の泉は、生活の一瞬一瞬にわき出ています。人が、それをすくえるかどうかです。

「一度、痛い思いをすればわかるだろう」とは、よく聞かされる言葉ですが、痛い思いをしようが、恥をかこうが「知る」ことは人生を楽しくします。学問であろうと、体験であろうと、人は、学んではじめて知るのです。

知恵さえできたら

自由になるところと、ならんところがあるの。自由になるところで得心したら、この世の中で不自由というものはない。人間の知恵で手の届くところと、届かんところがあります。届くところだけ届かしておいたら、自由になります。知恵さえできたら世界が自由になります。そらどんなことかといえば、自分ということがわかってくるの。自分がわかって、わかった範囲だけ得心したら、その世界が自由になる。

「隔靴掻痒《かっかそうよう》」という四字熟語がありますが、意味はご存じのとおり「思うようにならない」ということです。「痒いところに手が届く」という言葉もあります。「細かいところまで行き届く」ことですが、これらを聞くと、どうも痒さに対しては思うようにならないことが多いようです。

実際のところ、背中の痒い場所に手が届かなければ、柱に背中をこすりつけたり、物差しを使ったり「孫の手」を使ったりします。道具を使ったので、掻ける範囲が広がったのです。つまり、道具を使う知恵があったということです。これで自由の範囲が広がりました。道具を介在して手の届く範囲が広がったのです。

そこで痒みが止まれば、さらに痒くないところまで手を伸ばそうとは思いません。手の届く範囲でよいわけです。自分の知恵の届く範囲内で、人は自由です。ひとたび、それを飛び越えて自由になろうとすると、いさかいが起こります。

それではなぜ、人は自分の知恵の届く範囲を飛び越えてしまうのでしょうか。それは、決して自分のものにはなりえていない他人がもっている知恵を知ってしまい、それがあたかも自分の知恵であるかのように誤解するからです。当然、「自分」をわかったつもりになってしまいます。

「自分の知恵の範囲で自分を知る」「自分の知恵の範囲以上に自分を知ることはできない」ならば、知恵はまさに自分自身です。そこをわきまえておかないと、知恵は他人の領分を侵すことになります。

自分の自由の範囲は、他人の自由の範囲を侵食することでも奪うことでもありません。これは、日常の約束という小さなことでもいえることです。

たとえば、約束の時間をいつも守っていますか。たとえ五分でも遅刻は遅刻です。「たった五分」であっても、それを取り返すことは不可能です。二度とない五分なのです。

皆さんは、「五分では、別のことができるわけでもないし、堅いこといわなくてもいいじゃないですか」と思いますか。おそらく、一分前に発車した電車に乗る約束だったら、怒り心頭だと思います。しかし、会うなり「これからどうする、どこへ行こうか」なら、笑ってすむでしょう。

同じ五分でも、これほど異なります。ただ、待たせた人は知恵が足りないために、待った人の自由を五分間奪っています。取り返すことのできない五分は、返すことのできない借りでもあります。

良慶和上追慕 一

今が最高と生きる

そうやなあ、今がいちばんええ

お師匠の大西良慶和上が九十二歳のときに、アメリカの有名なノーベル賞作家パール・バック女史が清水寺にお越しになりました。

そのとき、パール・バック女史は「修行時代のつらさ、戦時中のつらさ、それこそ口に出せないこともいろいろおありだったでしょうが、和上の今までの人生を振り返って、いつのころがいちばん良かったですか」と、和上にお聞きになりました。

そのとき、和上は「そうやなあ、今がいちばんええええ」と、即座にお答えになったのです。それを聞いて、周囲にいた人たちは、皆さん、びっくりしました。おそらくパール・バック女史もびっくりなさったと思います。女史を含めて、周囲の人たちは「そうやなあ、いついつのころがいちばんやった」というご返事が、当然のごとく出てくると思っていたからです。なぜなら、だれが見ても和上の「今」は、たいへんなのです。

和上は当時すでに、からだは思うように動かず、目は白内障でよく見えず、耳も聞こえなかったのです。それにもかかわらず、女史の質問に対して「今がいちばんええ」と、即座に答えられたのです。

私たちは、旧友や同年輩の人たちと話すとき、「あのころは良かった」と、よく口にします。血気盛んといいますか、からだもよく動き、遊びも仕事も何でも楽しい若いころこそが、いちばんいいはずです。しかし、和上は本心から「今やな、今がいちばんええ」と答えられたのです。「今」というのは、まさにこの一瞬です。その積み重ねの結果が人生です。

過去・現在・未来といいますが、過去は二度と味わうことができません。そういう意味では、過去というものはありません。

同様に、明日は、まだ来ない日をいうわけですから、いつまでたっても来ない日、永遠に明日であり、未来です。

「あのころは良かった」と、過去の輝きをどれほど追いかけようとも、それはすべて時間的には消え失せています。それらは、今いる自分の心の中に存在しているだけです。過去は「今」の中にあるのです。

そして、「今」は現実です。長い人生の出発点となるのが、今。一瞬一瞬の積み重ねの中で、今というこの瞬間こそが、すべての出発点です。「今」は精神的・肉体的実在です。過去と現在と、来るべき未来を心することができる時間です。

ですから、「今」生きていることの喜び、感謝をみつけることができなければ、この一瞬を大事にすることができなければ、充実した過去を思うことができないし、それは来るべき未来に対してもいえます。

和上は、常日頃から「この一瞬、この今」が、何よりも大切だと思っていらっしゃったのだと思います。ですから、自然に「今がいちばんええ」と口をついて出たのでしょう。

二度と味わうことのできない「今、この瞬間」の命を大切にしなければと、痛切に感じます。

歳とともに肉体的にも精神的にも衰えてきます。当然のことです。しかし、大切なのは「今」です。今は、「あのころは良かった」という過去の楽しい時間、輝いていた時間を思い出すことのできるときであると同時に、それらを含んだ一瞬一瞬の積み重ねです。楽しい時間、輝いていた時間を思い出すことのできる「今」を否定することは、過去を、そして人生すべてをも否定することになります。

「今」という時間をどのように生きているかは人それぞれです。しかし、どのような状況にあっても「今」がいちばんです。「今」この瞬間を、どう生きるか。この中にこそ人生のすべてがあるのです。人生は「今」にしかありません。「今」をどう生きるかの中にこそ、悟りはあるのです。

九十二歳で「今がいちばんええ」とおっしゃった大西良慶和上は、さぞ充実されていたのだろうと、今、つくづくと思います。

物と心がひとつ

物心一如という。物と心がひとつやという。物があって、人間の知恵が取り扱うときの働きを心という。

心しだいでは、便利な物も凶器になる。それは「者も狂気になる」ともいえるでしょう。すべては心だと思います。たとえば、包丁は食材を切るための道具ですが、使い方によっては凶器になってしまいます。自動車は移動のためには非常に便利で楽な道具です。しかし、ひとたび間違えばとても危険な走る凶器となります。

「凶器」「狂気」など、怖い言葉を使いましたが、すべては使い手の心しだいということをいいたいのです。

たとえば「裁ちバサミ」ですが、かつてはお母さんが娘のために精魂込めて「きもの」をつくっている光景をよく目にすることができました。まさに「母さんが夜なべして……」の歌詞どおりの光景です。

そのような光景を目にしたなら、その「きもの」を着た娘は、自ずと清楚に姿勢を正して歩くでしょう。お母さんの精魂が、娘に通ずるのです。ところが、最近は「きもの」を仕立てる光景など、まず見ることはないでしょう。ましてや母親が裁縫して「きもの」を仕立てる光景など、皆無に等しいのです。

皆さん、成人式といえば「きもの」を着たがりますが、レンタル衣裳や親が無理して買ったきものですから、ありがたみも薄く、したがって背筋も伸ばせず、歩き方も普段洋服で歩くときと変わらないのです。成人式で騒ぐなどは論外です。

しかし、騒ぐ彼ら、彼女らであっても、もしお母さんが精魂込めて縫ったきものならば、とてもあのような行動はできないでしょう。

「裁ちバサミ」にはもうひとつ、植木の枝を落とすためのものもあります。「この枝を落とさなければ、全体が弱ってしまうな」とか、「花を咲かすためには、いくつか芽を落としておかないと」と、使い手のその姿は、あたかも植木に語りかけるようでもあります。

たとえ剪定する人が、植木のことなど何もわからない素人であっても、心が通じて、植木は立派に枝葉を延ばしてくれますし、花も咲かせてくれます。ところが、「この枝が邪魔だから」「見栄えが悪いから」と、むやみやたらに切り落としてしまえば、植木は何の反応もしてくれません。おそらく、「切られるときの痛さ」を我慢しているだけなのでしょう。

物と心の関係でいつも思うのが、筆記具と文字の関係です。筆記具をとおして書かれた文字には、書き手の心が如実に表れます。心が乱れているときに書いた文字は、乱れた文字、悪い姿勢で書いた文字は、文字の姿勢も悪い。反面、素直な心で書いた文字には、余裕すら感じます。正しい姿勢で書いた文字には、律儀さを感じます。

これが、物と心の関係を端的に表していると思います。

欲は希望ですから悪くはない

この世界にいるものは、何で生きているかといえば、欲で生きている。欲いうたら悪いように聞こえるけれど、そうではないの。生きているものは、みな欲で生きられる。欲は希望ですから悪くはない。強欲というのが悪い。終わるということを知らん。これが悪い。これで苦労するの。食べて着て住して喜んでいくの。それがむずかしい。

「今の自分に満足してはいかん。もっともっとがんばりなさい」この言葉も使う人によっては、強欲になります。企業などでこの言葉を使うときには、えてして根性論に結びつきます。

利益が思うようにあがらず「今さえ我慢すれば、近いうちに何とかボーナスくらい出せるようになるから、がんばってください」というならまだしも、そこに「根性が足りない」などと付け加えるようなら、しかもそれが、経営者の少しでも私腹を肥やしたいという心から出た言葉なら、それは強欲です。

そもそも根性だけで売り上げが伸びることなどありません。あったとしても一時的で、永続することなどありえません。

それでもなお、根性論でしかものがいえないのは、知恵がないのです。広い知識を得る努力が足りないのです。ある意味で、肩肘を張っていなければいられない恐がり屋です。

さて、欲と強欲ですが、知恵を伴ったものが欲、知恵を伴わないものが強欲、そのような気がします。さらにいえば「こうしたい・こうありたい」が欲ならば、「こうさせよう・ああさせよう」は強欲に通じます。

なぜならば、「こうしたい・こうありたい」は自分が主体で、欲の実現に向けた努力・知恵が伴うでしょう。しかし、「こうさせよう・ああさせよう」は、主体は自分であっても、欲の実現に向けた努力・知恵は他人が背負うからです。自ら額に汗しないで得る欲は、とどまることを知りません。次から次へと欲がわいてきます。

人は、欲の世界で生きているようなものです。「競技・競争」といいますが、この「競う」は、ある意味で「欲の発露」です。一位を目指す、勝利を目指す……、こういう欲は、誰もがもつ当たり前の気持ちです。決して悪いことではありません。

しかし、一位になれば名が知れてお金儲けができる、勝てば……、これは強欲です。競うことにより磨くのではなく、競うことにより儲けることを考えています。競った結果の次の段階を考えているのです。「捕らぬ狸の皮算用」ということでしょう。一匹捕ればもう一匹、少しでも大きい狸をと、欲はきりがなくなります。

生きていくための食があり、四季にあった身にまとう衣があり、住むための家があり、……これで十分ではないでしょうか。不自由があるでしょうか。「今、ここにいる自分・今、そこにある自分」から欲が芽生えて、努力をし、なりたい自分になる。心は、いつも着の身着のままの自分からということが大事だと思います。

大は大、小は小

神仏がありがたいのも、親や先生のありがたいのも、心が光ったら天下のありがたいのがわかる。人間に生まれて、これがありがたいということがわからんかったら、知恵がないの。自分の今日の身上を考えたら、これ以上に極楽あらへんの。大は大、小は小できっちりいくの。それを知るのが心や。

まさしく「身の程を知る」ということだと思います。まずは「素のままの自分ありき」ではないでしょうか。そこから物事は始まると思います。若い人は、思い切り背伸びをして、身分（収入）不相応のファッションを身にまといがちです。本当に無理をして、お金を借りてまで欲しがる人もいます。若さ以外に何が必要なのでしょうか。素顔、素肌、素の自分、これに優るものはありません。しかし、「人が買ったから……」「人が身につけているから……」、自分にはまったく似合わなくても「流行だから……」と、際限なく欲求がふくらんでいきます。

そもそも欧米の高級ブランドは、一定以上の上流社会の人たちが、パーティーの際に、あるいは特定の人たちのみのコンサートといった、非常に限られた上流階級の社交の場での装飾品です。それが日本では、通勤・通学に使われているわけですから、欧米人がそれらを見て目を丸くするのもわかります。

本来、働く必要のまったくない人たちが身につける物であり、食事代を削ってでもお金を貯めて必死に購入する物ではないのです。まして、ローンを組んででまで買うとか、角がすり切れるまで使う物ではありません。歴史と文化のある欧米の高級ブランド品に限っては、いかにも日本(人)的な「馬子にも衣装」は、通用しないと思います。

クルマもそうです。学生の身分で、あるいは社会人なりたての身分で、高価なクルマを乗り回すことが、果たして身分相応でしょうか。まして、本来なら運転手付きで、後ろの座席に座るようなクルマを自ら運転して乗り回すなど、クルマに対する知識が不足しているからできるのです。「怖いもの知らず」と同じです。

さて、「今のわが身を知る知恵」ですが、「生を受け入れること」がすべてではないでしょうか。

私は今、こういう状況の中で生きている。高級ブランド品もクルマも、まだ無理、それを買うには少々早い。ただ、今は一生懸命働くときだ。その「一生懸命」の中には、今考えうる無数・無限の知恵があります。それをひとつずつ、一歩ずつ自分の身につけていく。それが「生を受け入れること」です。

先々のために、今努力する知恵、身分相応、年齢相応、身の程を知る、つまり現在相応の知恵ということです。逆に、目先の欲のために、先々努力すれば何とかなるという、それを抑えるのも知恵です。

座るところはふとん一枚

無という教えは、人間がありたいありたいと思う一念で動いている。そのありたいと思うのでいちばんは、生きてありたいということや。これが生きているもののいちばんの願いなの。当たり前に生きていくだけやったら良いの。無理を考えるの。座るところはふとん一枚やの。それなのに、大きくなりたいと苦しんでいるの。

「起きて半畳、寝て一畳」ではないですが、無用な広さを手に入れようとすれば、どうしても無理や無駄が生じます。宿泊客は自分ひとりだけだからといっても、宴会場の大広間に通されて、ごゆっくりお過ごしくださいといわれたら、とても落ち着きません。ゆっくり寝るどころか、寝つけないでしょう。それと同じです。

当たり前でいることが、いちばんです。

最近は、皆さん体格がよくなって、電車の座席に余裕をもって座ろうとすれば、どうしても一・五人分くらい占領します。お互いが少々窮屈でも、ひとりでも多く座れることを思えば、詰めて座ればいいことなのに、それができていません。詰めさえすれば、心の余裕は広がるのです。そこに気づいてほしいのです。

余分と余裕は違います。しかし、人は余分なものまで手に入れようとします。時として、余分なものを手に入れようとして必死になります。端からみれば滑稽《こっけい》なのですが、本人は真剣です。まわりを「観る余裕」などありません。

そうです。余分は見るもの、余裕は観るものです。

生きていくためには、余分は重荷です。余分をそぎ落とせば、余裕が生まれます。当たり前に生きていくだけならば、余分は不要です。不要なものを手に入れようとするから無理が生じるのです。

人は、お母さんのお腹に宿したときから人の手を借りて大きくなります。両親、友達、同僚、先輩……、皆さんの手を借りて大きくなっていきます。決して自分の力だけで大きくなれるものではありません。

しかし、人に頼ってばかりでは気が引ける、あるいは人の頼りになんかならないとばかりに、少しばかりの無理をしはじめます。そこからの心のもちようが、苦労の始まりです。

「少しばかりの無理」を努力と考えれば、これは当たり前のことです。頼ることは借りをつくることですが、それこそ少しばかりの無理をしてでも返せばいいことです。しかし、頼れることを当てにしてはいけません。それは、努力なしに借りをつくることです。当然、返すための努力もありません。

たとえ返すための努力をしようにも、努力なしで借りをつくると、その労力は借りるときの何倍も要します。このことを心しておくべきだと思います。

金で評価できないものが真価

値打ちというものを金で評価することは易いの。金で評価できないものが真価やの。本当の値やの。大きくしてもらった親の恩なんぼやて、これ値打ちつけられへん。それ無の値打ちというの。人間のお金や知恵で手の届くものではない。

現在の世の中は、お金で評価できないものは価値がないという風潮があります。何でもお金で判断しようとします。たとえば、子ども心に「おじさんは、お年玉くれなかった。だから……」という気持ちになったことはあると思います。問題は、「だから……」とつづく部分が、かつてと大分異なってきているような気がします。かつては、「おじさんは、お年玉くれなかった」としても、何とも思わないか、黙っていたと思います。しかし、最近は「だから」につづいて「けちで嫌い」とか「ゲームソフトが買えなかった」となります。発想が「正月」で止まらず「お年玉」となり、「誰と誰からいくら」「○○が買える」となってしまうのです。少なくとも「けちで嫌い」とか「誰と誰からいくら」といった計算高さは、かつてはなかったように思います。

さて、重大な局面になると、「真価を問う」あるいは「真価が問われる」と、よくいわれますが、そこで「真価を発揮する」こと、それは素のままが問われる、素で判断されることにほかなりません。飾りも余裕も余分もない「自身」です。

そこにあるものといえば、心だけです。

ここ何年間は「リストラ」「倒産」「自己破産」「自殺」といった、世の中のサラリーマン族を暗くする言葉ばかりが、あらゆる媒体上で取り上げられています。新聞紙上に、この四つの言葉がひとつもない日はないでしょう。

先日の新聞に、「借金を苦に飛び込み自殺」とありました。「お金がすべてではない」とはいえ、やはり手元に一銭もなければ生活していけません。「亡くなった方は、借金の返済に困って……」とあり、その額は、六万円だそうです。

「たった六万円……」と思った方もいたと思います。しかし、よくいう「明日の一万よりも今日の一円」ではないでしょうか。いくら「明日なら一万円貸すよ」といわれても、ほしいのは「今」の一円なのです。あと一円あれば……と、借りる人はまさに必死です。

こういう話もあります。零細企業のある社長が「もう、会社を維持する手立てがなくなった。会社は倒産、俺は自己破産だ。負債は億単位になる」というのです。「負債は億単位」といいますが、この社長の頭の中にあるのは、自分中心の計算だけです。社員もいればその家族もいる。取引会社にも社員や家族がいます。その方たちの負債はどうなのでしょうか。直接にはみえないところにも、負債は存在します。しかし、そのことは頭にありません。

お金の価値にも一円、十円、千円……と、数えられる価値と、直接数えることも、見ることもできない価値があるのです。むしろ、数えられない価値のほうが大きく、重いと思います。

それでは、その数えられない価値は、どのようにして測ったらよいのでしょうか。

「六万円の返済金のために命を賭して償った」心の価値と、「会社は倒産、俺は自己破産。それでお仕舞い」という心の価値。あえて測るなら、どちらの人のほうが、人間としての真価を発揮したかということです。

つまり、価値は皆さんの心が測られるのであり、心が測るのです。

ささやかの住居に安く楽しめるわれにも似たる蝸牛かな
(『大西良慶和上全和歌集』より)

願力のないものは

天気さえ良かったら、遊びに行こかて、行けてもよいし、行けなんでもいいの。それが希望の程度やの。願というたらそうはいかん。万障さし繰って行かなならん。仕事するにもどんなことでも願力のないものはあかん。

「ああしたい」「こうなりたい」と考えるだけなら、誰でもできます。しかし、それを実現するとなると、たとえそれが遊びの予定であっても、それなりの気持ちが必要です。ましてや、それが仕事となると、あるいは生涯の目標となれば、「ダメでもともと」というような軽い気持ちでは、成し遂げることはできないでしょう。

皆さん、年が明けて元旦には、初詣に行きます。お賽銭を投げて、頭を垂れて両手を合わせてお願いをします。「家内安全」「商売繁盛」「合格祈願」「結婚祈願」……と、人によりお願いの内容はさまざまです。

なかには、この際だからまとめてと、片手では数え切れないくらいのお願いをする人もいるでしょう。

神様も多くの人の願いごとを聞かなくてはなりませんから、さぞや大変なことと思いますが、願いごとが「かなう・かなわない」ではなく、お参りをしたということで、心が安らぐから不思議です。

おそらく、そこには「初詣に行く」という願力があり、成し遂げたからにほかなりません。

「大願成就」という四字熟語がありますが、「大願」であれ、たんなる「願」であれ、一途な力が必要であることに変わりはありません。

皆さんは、仕事をしているときの心情を考えたことがありますか。心情とはいわないまでも、仕事をしている自分の姿を思い浮かべたことがありますか。

「オートメーション」といえば、生産現場の流れ作業が即座に浮かびます。ベルトコンベヤに沿って人が配置され、それに乗って流れてくるパーツを順次組み立てていく様をテレビニュースや実際の現場で何度も目にしました。ネジ止めの人は朝から晩までネジ止め、ビス打ちの人は朝から晩までビス打ち、そこでは、人間の能力を最大限に活用するなどということには、まったく無縁だったような気がします。

現在では、簡単で単純な作業は、ほとんど工業用ロボットが人間の代わりを務めていますが、それでも配置された人間はオートメーションの一部という観はぬぐえません。

ところが、それに疑問をもった欧米や日本の一部の会社では、部品から完成品になるまでをひとりの人間が務める形態を取り入れはじめています。人間の能力や人間性の発揮ということを、あらためて考えはじめたのです。

事務作業では、そろばんが電卓に、そしてオフィス・オートメーションが喧伝され、パソコンのない職場を探すことのほうがむずかしくなっています。そして今、ネットワーク時代となりＩＴが花盛りです。

さて、技術革新とその進歩ばかりに目を奪われがちですが、どれほど技術が進歩しようと、それを扱う人間が主体であることに変わりはありません。つまり、仕事を成就するのは人間の願力です。

さきほどの「ひとりの人間が務める形態」を取り入れた工場の処理効率が、機械優先の作業時よりも低下したという声は聞きません。むしろ、工場全体の人間味、雰囲気が以前よりはるかに良くなったという声が上がっています。

これこそ、人間の願力を如実に表した証左ではないでしょうか。

人間が人間らしく

人間の性をもって生まれたら、人間やなかったらいかんの。人間が人間の腹の通りになっているかどうか、それを反省するの。人間が人間らしい、正しく五倫五常の道に生きているかどうか、そら自分の問題やね。

どうしても人は、自分を甘やかしてしまう。辛いことからは逃げたくなる。それも人間だと思います。しかし、「甘やかし」や「逃げ」が人の迷惑になっていたら、それは人の道から外れはじめているということでしょう。

自分を甘やかし、辛いことから逃げることが、すべて自分に帰結することであるならば、まわりの人は「勝手にしたらいい」と放っておくかもしれません。しかし、よく考えてみると、自分の甘やかしや逃げが、まわりの人に「甘いね」とか「逃げているな」と感じさせた時点で、すでに相手の迷惑になっているのではないでしょうか。

まわりの人は「彼のことなんか考えている暇ないよ」というかもしれません。しかし、その時点で相手に「考えさせている」のです。その時間を勝手に取っているのです。

「律儀で、礼儀正しく、曲がったことが大嫌いなあいつらしいね」といわれる人がいます。一方で、「適当で、甘ちゃんで、何をやらせても中途半端なところがあいつらしいね」といわれる人もいます。どちらも人間ですし、「甘ちゃん」であろうとも、ある意味で人間らしいといえます。

両者の差はいわずもがなですが、ひとつあげるとすれば、「他人の迷惑になっているかどうか」です。本来、人間は人の手を借りて、自然の恵みを借りて生きています。

そうであるならば、最低限守らなければならないことは、借りは返すということ、借りは多くならないように努力すること、です。

よく「私は、私の思いどおりに生きる・生きたい」といいます。そうすると、まわりの人は「じゃあ、やってみれば」といいます。「勝手にしろ」という突き放した気持ち、「やめとけばいいのに」という心配から出た気持ち、いずれにしろ、そこには「自分の思いどおりになんか生きられない」という気持ちが込められています。

それは「周囲の思いどおりに生きる」ということと同様、むずかしいことなのです。決して周囲の思いどおりにならないし、自分の思いどおりにもなりません。まさに、人ひとりでは生きていけないということです。しかし、それは自分の問題です。

人間が人間らしく生きるには、「集団の中の個」と「個の集まりである集団」を、おのおの客観的に見る必要があります。

人の世の幸せと言へば長命と無事との外に何ものやある

(『大西良慶和上全和歌集』より)

ええことさえしておいたら

あいつ騙したというてうまいことやったと思っているのは、知恵がないの。正しく考えたら、人騙してうまいことゆくというそろばん立たへんの。ここで無理に儲けておいたら、それは借りになるの。騙されて取られた。それは貸しになるの。皆さんそろばんもってはるから、きちっと決まっているの。ですから、ええことさえしておいたら、それは損にならへんの。

「人間の評価は、死んだときにわかる（決まる）」というようなことが、よくいわれます。また、人間の一生は、トータルで考えたら「損得なし」ともいわれます。死んでしまった人が、「私の人生は、少々マイナス評価だったから、葬式くらい人を集めておこう」とか、「あいつは、香典が少ないな。もう少し出してくれてもいいのに」と考えたところで、棺桶の中からではどうすることもできません。

これは、落語でもよく使われる題材ですが、つまり落語で使われるということは、社会生活そのものなのです。

「人は、ひとりでは生きられない」ならば、生きているかぎり貸し借りがあります。その「貸し借り」をそのまま「損得」に結びつける風潮が現代です。あたかも電卓をもちながら生きているようなものです。

ところで、「あぶく銭」あるいは「濡れ手に粟」などという言葉があります。すでに二十年近く前になりますが、「バブル経済」といわれる好景気の時期がありました。当時、不動産は飛ぶように売れ、土地の値段がどんどん上昇しました。「もてる者」は、先を争うように高額商品を買い、さらに高値が高値を呼ぶ状況でした。しかし、その他多くの「もたざる者」にとっては、周囲の喧噪とは無縁の、普通の生活でした。

そして今、今度は不動産ではなく株式市場が「バブル」の様相を呈しています。変わらないのは、「もてる者」と「もたざる者」がいるということ、そしてそれら二者の状況です。もっとも両者の格差は、バブル期よりもいくぶん広がっているようです。

しかし、冷静に考えてみると、当時も今も「もてる者」は社会に借りをつくっている気がしてなりません。それを端的に表しているのが、「公的資金の投入」でしょう。一方、「もたざる者」は、社会に貸しをつくっているのです。同じく「公的資金」ですが、これは私たちの血税から捻出しています。

「もてる者」が、土地や株に投資し、その結果失敗したからといって、どうして「もたざる者」がその穴埋めをしなければならないのか、どう考えても合点がいきませんが、それも人の一生というそろばんで勘定すれば、「損得なし」なのでしょう。また、「ねがいましては」で始まるものだと思います。

良いことがつづくわけはない

善悪を思わんということが、大変なことやの。人間である以上は思わずにはいられない。好き嫌いなしにいられない。好き嫌いを思うのが人間なの。そこに人間の世界に苦しみが出てくる。何でそういうものかというところに因果がある。……人間の知恵では、良いことがつづくわけはない。ですから、このことさえ、はじめからわかっていたらよい。

「いつも愛想がいいですね」という言葉を聞いて、皆さんはどう受けとめるでしょうか。自分もそうしたいけど、どうしてもできない。そうできる人を素直に心の底からうらやましいと思いますか。それとも八方美人、心の中はわかったものではないと思いますか。

「誰とでもすぐに仲良くなれる人がうらやましい」と思ったことはないでしょうか。食べ物でも何でも、好き嫌いのない人がうらやましいと思ったことはないでしょうか。

好きは好きでよいと思います。ただ、「嫌い」ではなく「好きではない」くらいに思っていたほうが、気持ちが楽になるのではないでしょうか。

人間関係は、むずかしいものです。「私は、あの人が好き」と思っても、相手は必ずしもあなたのことを好きとはかぎりません。「嫌いではないけど……」程度かもしれません。

もうひとつ、「私は、この仕事が大好き」で、一生懸命やっていると します。「好きこそものの上手なれ」といいますから、それはそれで大事なことです。しかし、人それぞれに「向き・不向き」ということがあります。端の目には「どう考えても向いてない」と映っているかもしれません。

さて、世の中は「好き嫌い」と同様、「善悪」もむずかしい問題です。「善かれと思って……してあげた」ことが、相手にとっては「余計なお世話」とは、よくある話です。この「善かれと思って……」ですが、むしろ問題なのは、それにつづく「してあげた」ではないでしょうか。

文字にすると、いかにも恩着せがましさが出ますが、そこには相手の「好き嫌い」が考えられていないということもあるようです。

もちろん、相手が素直に「ありがとう」と、その場を収めてくれれば何の問題もないのですが、「そうされることが嫌い」とひと言いわれたならば、その瞬間に人間関係は崩れます。

好きも嫌いも、善も悪も、すべては人間の心のもちようであり、また心の居場所です。

「好事魔多し」とよくいわれますが、落とし穴はどこにあるかわかりません。あらかじめわかっていたならば、皆さん、そこを飛び越えていくか、よけていきます。心が、そうさせるのです。

ところが、わかっていてもつまずいてしまうのが「好事の魔」でもあります。これは、戒めの心がそうさせるといったほうが、当たっているでしょう。

心はいつも「良い方向へ、良い方向へ」と導いてくれるものだと思います。「止まれ」も「進め」も、良い方向へ進むためだと思います。「進むために止まる」とは、矛盾したいい方ですが、「調子に乗るなよ」と戒めてくれるわけです。

ガス風船は風に身をまかせて流れます。風がなければ上空高く上がっていきます。しかし、一定の高さまで行くと、気圧の関係で破裂してしまうぞとストップがかかります。

人間には心があります。善悪、好き嫌いで悩みます。苦しみます。それが、人間を「良い方向へ、良い方向へ」と導いてくれるのです。

人間は喜楽に始終する

人間の生きている目的というものは、喜びと楽しみということに結論される。喜びと楽しみというものが、生きているもののはじめからの願いであり、終わりの願いでもある。

「おぎゃー」と子どもが産まれて、親はもちろん周囲も皆さん喜びます。そして、そのときから「将来が楽しみ」となります。親バカといわれようが、誰もが同じようなものです。小学生になった、中学生になった、成人した、就職したと、ことあるごとに喜び、楽しみが増していきます。

人は「喜び」や「楽しみ」を日々抱えていられるなら、それは「幸せ」なことです。幸せに生きる、幸せな人生を送る、つまり、一生幸せを追い求めているのです。

「親死に、子が死に、孫が死に」といいます。即座に、「そんな不吉なこと、いうのはやめて」といわれかねませんが、「年老いた者から順番に亡くなるのは自然なこと」のたとえで、何も不吉なことではありません。子が親よりも先に亡くなることは、とても不幸なことです。とても納得のできることではありません。自分の心の中で整理がつかず、理解できないことです。

それでは、幸せな終わりとはどういうことでしょうか。普通は、死が幸せとは、とても思えません。まして、家族の仲が悪かったり、病弱な人を抱えていたなら、気がかりで気がかりで「おちおち死んでいられない」と、死者にとっては死後も不幸、まさしく不幸です。だからこそなおさら、「みんな、これからも仲良く元気で暮らせよ」と、幸せな終わりを切望するのです。

生きる喜び、生きる楽しみは、それに反する怒りや哀しみといったことも含めてのことでしょう。怒りが強ければ、それに反して喜びも強く、哀しみが大きければ楽しみも大きい。それのくり返しです。

「喜怒哀楽」は、鬼の怒りをかって、哀しみの底に落とされる「鬼怒哀落」

ではありません。本来なら、そこそこの度合いで喜楽に暮らすことです。それを目標にすることです。平であるならば、気楽です。

そうはいってもむずかしいのが、「終わりの願い」です。この「終わり」とは、「死」とか「最期」という意味ではないと思います。「それ以外にない」ということではないでしょうか。

皆さまにとって「それ以外にない願い」とは何でしょうか。


古里の土踏みしめて父母ををさな心に帰らしめつる

（『大西良慶和上全和歌集』より）

知恵と行いとはひとつに

何が理想であるかといえば、知恵と行いとはひとつにならないかんというのが出発点です。凡夫のうちは凡夫のままでいくという、その心をさしに行をさす。そうすると、心が出てくる。行いに出てくる。心で思うたら、身体に響くのです。

煩悩にとらわれた生涯を送る衆生のままでいくことが、普通の社会人だと思います。そこで、ひとときの喜びや楽しみを見出そうとするわけです。「ちょっとコーヒーでも飲もうか」これもひとときの喜び・楽しみです。「仕事の区切りがついたから二、三日旅行してくる」これも長い人生からみれば、ほんのひとときです。そのときの表情というのは、皆さん「いい顔」だと思います。

しかし、何をやっていても「あれも心配、これも心配」となると、表情はどうでしょうか。よく「眉間にしわ寄せて」といいますが、この表情のときは普通、大変なとき、辛いときです。それが、表情に出ているのです。

「知行(ちこう)合一」とは、知は行のもと、行は知の発現といいますが、簡単にいえば、良い知恵(心)は良い行いに通じ、良い行いは良い知恵(心)からということでしょう。ということは、逆もまた真なりなのです。

もうひとつ、「言行一致」という言葉もあります。社内でも「あの人は、いうこととやることが違う」とか「口ばかりで、何もやらない・できない」といったことは、けっこう耳にするのではないでしょうか。対象者は、おおむね相手にされない、信用されないのです。

口からでる言葉も、心の発露です。いうならば、知行合一なくして言行一致もないということです。

さて、前述の「眉間にしわ寄せて」ですが、大変なとき、辛いときであるにもかかわらず「渋い＝カッコいい」ととられたならば、「俺の気も知らないで」となり、たまったものではありません。ただ、「眉間にしわ寄せて」仕事をやるような人は、おおむね周囲には大変だ、辛いなどとはいいません。ひとりで黙々と、不平・不満もいわずに仕事をやる人が多いのです。

その「黙々さ」が「渋さ」となって出るのです。仕事をしている人は、カッコいいのです。ところが、「俺だけ一生懸命で、大変だ、辛い」と周囲に吹聴しているような人には、「渋い＝カッコいい」は出てきません。

なぜなら、たしかに大変で、辛くとも、仕事に対して心が入っていないからです。「俺だけ」ならば、「できることならやりたくない」という心のほうが優先しているのです。

同じ仕事をやるにしても、それではあまりにもむなしくありませんか。「むなしさ」は、「虚しさ」も「空しさ」も心のないカラの状況です。虚空といえば、何もない広い空間から何かをはじめる、何かを描くということも考えられますが、そうであってもやはり心があるかどうかでしょう。

「目尻を下げる」といえば、楽しいこと、うれしいことを連想します。「鼻の下を伸ばして」は、あまり歓迎されることではありません。顔の表情をとらえた言葉は多くあります。その分、意味は千差万別です。いわれてうれしい、楽しい、喜べるものもあれば、不愉快、悔しい、怒りたくなるものもあります。

まさに、心が出るということです。

できない堪忍をする

できる堪忍は、誰でもするが、できない堪忍をするのが、本当の堪忍である。

わかっていても、なかなかできないのが「本当の堪忍」です。しかし、立場が変われば心も変わります。何をいわれても、何をされても抗せずに堪え忍ぶ。一方で、怒鳴ってやりたい、殴ってやりたい、これをしないで堪え忍ぶ。

さて、どちらの立場のほうが堪忍しやすいでしょうか。おそらく「する側」の堪忍のほうがしやすいと思います。

「しごき」「いじめ」という言葉があります。肉体的であろうが、精神的であろうが、暴力の一種です。こういった事件が起こると、上の立場のもの、あるいは第三者が「いきすぎた指導があったかもしれない」などと、言葉をすり替えるときがあります。指導に不足はあっても、いきすぎることなどありません。言葉遊びの言い逃れです。

先日、あるテレビ番組で「フリーター」のことが取り上げられていました。登場した主人公のフリーターは、「なぜ、正社員として就職しないのですか。将来が、不安ではないですか」という問いに、確たる答えはなく、側からご両親が「いつまでも親がいるわけではないし、早く正規の職に就いてほしいのですが……。実は中学生のときにいじめにあいまして、それ以来、不登校に」とおっしゃっていました。

「いじめで不登校に」なったことを、当時いじめた側の人たちは知っているのでしょうか。責任が取れるのでしょうか。ちょっとした言葉の行き違いだったかもしれませんが、それがひとりの人生を狂わせてしまった。その家族の人生も狂わせてしまったといっても過言ではないでしょう。

こういうと、「甘ったれている」と当人をなじる人も、なかにはいます。果たしてそうでしょうか。辛い日々を送った当人をなじる前に、いじめた人の責任を問うべきではないでしょうか。いじめられた本人は、今もトラウマが残って、みんなと一緒の世界に入れない。一方、いじめた人は、結婚して子どももでき、平和な生活を謳歌しているかもしれない。

そう思うと、どうも「若気の至り」ではすまされない、納得のいかない気持ちになります。被害者は、いつまで堪忍すればよいのでしょうか。

ところで、しごき・いじめを受けた者が、「いつか、俺も上の立場になったら、やってやる」と、自分をしごいたりいじめたりした先輩に矛先を向けるのではなく、何も関係のない後輩に、同様のことをする者もいます。

どうも堪忍のできない世の中になっているようです。拳を振り上げることは簡単ですが、その下ろし方、下ろす場所を心得てないようです。それを教えることも、教える人も、教える場も少なくなっています。

自分の力だけしか見ることができない

人間は、自分のすることがすべてまともで正しい。おれは偉いのだと思うている。それは、賢いと思うている「我」です。自分の我見で世の中を判断している。人間は、自分の力だけしか見ることができない。子どもは子どもだけの知恵で判断する。例えば「おいしい」というても子どもと大人では、そのおいしさが違う。

「自分の物差しで測るな」とは、時として上の人たちからいわれる言葉ですが、「なぜ、そういわれたのだろうか」「どういう意味だろうか」と考えるだけで、また知恵を授かることができます。

人は日々、何かしら学ぶことがあります。そうして、我を広め、大きくしていかなければなりません。日一日と物差しを長くしていくことが、成長です。その中で、相手の物差しの長さを知ることも大事です。

たとえば、新製品の販売会議などで、「これは、必ず売れます。だから、もっと大量生産してください」と若い部員がいいます。それに対して、先輩が「必ず売れるというけど、その根拠は……」。別の若い部員は「……という資料から判断すると、売れそうです。だから、もっと大量生産してもよいのではないでしょうか」。そうすると先輩は「大量とはいかないまでも、少し多目に生産しても」となる可能性があります。

さて、どこが違うのでしょうか。いずれも「売れそうだから大量生産を」といっているのですが、決定的な違いは、「必ず」があるかどうかです。「必ず」とか「絶対」というのは、話している本人にしてみれば、「どうしてもそうしてほしい」という気持ちの強調なのでしょうが、聞くほうからしてみれば「必ず」や「絶対」という物差しはないのです。もちろん、話すほうにもそのような物差しはありません。まして、自分の力だけでしか見ることができないのですから、なおさらです。

そこで、お互いに「必ず」や「絶対」に近づこうと会議を重ねます。それによって、お互いに物差しが伸びていきます。

ところで、ここで先輩が「何が、必ずだ」と言下にいってしまったなら、お互いの物差しを伸ばすせっかくのチャンスを失います。そういわずに「お互いに煮詰めよう」という寛容な心が、その場を救います。寛容というのは知恵の世界。知恵がなければ寛容にはなれません。度量が広いというのも同義です。

自分は正しい、自分は偉い、賢いと思う判断基準は、しょせん自分の力（知恵）の範囲内です。それ以外はないのです。ですから、自分よりも広い世界、広い知識をもった人からは、「自分の物差しで判断するな、測るな」となるわけです。

そういった寛容な人、度量のある人と接するときは、自分の物差しを伸ばすチャンスです。相手の長い物差しを知るよい機会です。自分の我の世界を少しでも大きくすることは、いつしかあなた自身が、寛容な人、度量の広い人といわれるようになるために、どうしても必要なことではないでしょうか。

上に立つ人ほど大切な「観」

われわれの世界では「みる」ということは、大切なことです。そこで、観音様の「観」という字が大切になってくるのであります。上に立つ人ほど、この「みる」ということをはっきり覚えておかないかん。

「見る」「看る」「視る」「診る」、そして「観る」。すべて「みる」です。ただ、「観る」は心でみます。

たとえば「山を見ると、山は自分を観ている」のではないかと、よく思います。同様に、お医者さんが患者さんを看る、あるいは診るとき、病状を心配して心細くなっている患者さんは、お医者さんの一挙手一投足を観ているのではないか、そう思います。

日常の何気ない光景の中にも「見る」と「観る」が、交錯するときがあります。たとえば、次のような会話はどうでしょうか。

「今日の課長は、機嫌よさそうだけど、どうだった」「まあまあだね」

この、たった一往復の会話の中にも「見る」と「観る」があります。「まあまあだね」と答えた人は、直接課長と会話をして、「見る」と同時に、その雰囲気と目から「観た」判断を、同僚に伝えたのでしょう。しかし、「どうだった」と聞いた人は、見た判断でしかありません。

目で相手の姿・形を見ます。これは、遠くからも見ることができるし、間近で見ることもできますが、残念ながら心まで観るにはいたりません。ところが、間近で目を見られると心まで見透かされてしまうような気がします。「目は口ほどにものをいう」とは、まさに「観る」だと思います。それはまた、逆も真なりで、口でどれほど美辞麗句を並べても心が伴わなければ、それは目に出ます。

事ほど左様に、「観る」は心と通じるものだと思います。このことは、歳を重ねるにつれて、大事になるような気がします。いくつになっても少年のような澄んだ目をしていたいというのは、非常にむずかしいのかもしれませんが、消えることのない願望です。

ふだん、おひな様や五月人形、お土産で買うときのこけしであっても、最初に目がいくのは、人形やこけしの眼です。明るくやさしそうな眼、厳しく怖そうな眼、いろいろありますが、どれも描き手の心が反映されているような気がします。

ただ、いつも思うのは、どうしてお地蔵様や観音様は、やさしい眼、やさしい顔つきなのでしょうか。最初は、きつい眼、怖い顔もなかにはあるのだと思います。しかし、そういうお地蔵様や観音様も、時がたつにしたがって、手を合わせる人たちの心がやさしい眼、やさしい顔つきに変えていっているような気がしてなりません。

「心がものをいう」ということだと思います。

人間生活のいちばん上等

うろうろしたらあかん。安心した生活をしないかん。安心した生活というのは、自分の生活に安ずる、自分の身分に安ずるということです。安心というのは、人間生活のいちばん上等です。

いつも心が安んじていられるならば、これに優るものはないと思います。しかし、それがまたいちばんむずかしいことではないでしょうか。人はひとりで生きているわけではありません。ひとりでは生きていくこともできません。つまり、この安心というのは、相手も安心した生活を送っていないと、自分の安心もありえないのです。

たとえば、普通の生活をしている小さな家と、お金持ちの大きな家が隣同士だったとします。小さな家に住んでいる家族は、「小さいながらも楽しいわが家・貧しいながらも楽しいわが家」と、家族同士明るく楽しい生活を送っています。

一方、大きな家の主は、隣の家族の明るさ・楽しそうな姿が、どうにも気に障ります。そこで、ますます自分のほうがお金持ちだという振舞いをしたとします。たとえば、大きな家には大きな庭木とばかりに、隣の家の庭を覆い隠さんばかりの大木を植えたならば、隣の小さな家は気持ちいいはずがありません。そうまでされても、わが家はわが家とばかりに、心安らかにしていられるかどうか。普通は無理です。文句のひとつもいいたくなります。

「わが家には、大きな木を植えるほどの庭もないのでちょうどいい。ありがたいことだ」とは、とても思えません。仮に、本心からそういっても相手は「嫌みなやつだ」と受け取るでしょう。

本来なら、何不自由のないお金持ちのほうが明るく、楽しいはずだと思いますが、心というのは、お金や物の多少でどうにかなるものではないということです。

しかし、それでもなお、「ないよりは、あったほうがいい」に決まっています。そこで、少しでも余裕をもとうと努力します。ところが、そこに分かれ道があります。片方の道は、お金の額や物ではなく、心に余裕がもてるならば、それでいいという道です。もう一方は、お金の額と物の多少を余裕とする道です。こちらの道は、一〇〇万円よりも一〇〇万円、一〇〇万円よりも……と、終わりのない道です。

さて、皆さんはどちらの道を選びますか。片方は、心に余裕がもてるなら、それ以上は何も望まない。しかし、一方は「もっともっと」のくり返しですから、たとえ一億円あろうと、心には一切の余裕が生まれない道といえます。

「日々満足」と「日々不満」の違いは、どうやら心のもちよう以外にはなさそうです。

一寸先は闇というけれど

人間は賢いのに、暗い世界を渡っている。仕事をしていても、思う通りに行けるかどうか、それは暗闇です。一寸先は闇というけれども、あとのことも闇です。暗闇ということは、さぐり合って生活をしなければならん。商売しても儲かるか損をするか、貸しても返しよるかというようにさぐっている。

明るい昼と暗い夜の区別はあっても、人は基本的に暗闇の世界を手さぐりで歩いているような気がします。一寸先のことはわからないという暗闇の中を、せめて視覚的には明るい昼間に手さぐりをしながら活動し、その疲れを癒すのが、暗い夜なのではないか、そう感じます。

「手さぐり」で生きようが、案内人にしたがって行こうが、結局は生涯の終わりは「死」です。それは、万人に平等にやってきます。今日かもしれないし、明日かもしれません。それでも手さぐりで歩くことをやめないのが、人間の賢さだと思います。

ただ、「相手の心をさぐる」ことは、あまりしたくないことです。避けて通れるならば、一生したくないことでしょう。その「したくないこと」をしなければならないこともあることは、やはり暗闇だと思います。

しかし、それを承知のうえで、貸し借りがあり、損得があります。

さて、「さぐり合い」でよくいわれるのが、将棋や碁の勝負事です。こればかりは、否が応でもさぐり合いをしないことには、勝負になりません。ましてや、プロの棋士となればさぐり合いが飯のタネに直結します。さぐり合いに敗れるということは、勝負に負けることであって、まさに暗闇に迷い込みます。

しかし、これは勝負に負けたという暗闇であって、潔く「この勝負には負けたけど、次の対戦では……」と、負けが次へのステップにもなり、迷いから抜け出すさぐり合いが始まります。借りは返せます。

ところで、良慶和上は次のようにもおっしゃっています。

天地万物みな生きてるものは明るいものを喜ぶ。明るい世界が喜びなん。暗い世界が悲しみであり、苦しみであり、情けない世界が暗い世界になる。

光がなければ、ものは見えません。しかし、光があっても見えないものがあります。光がある、つまり明るいというのは、楽しさです。暗いというのは、和上のお言葉のとおり、苦しさ・辛さです。

それでは、明るくても見えないとはどういうことでしょうか。

それは、「見る」ことができるのに、「観ていない」世界ではないでしょうか。見ようとしないのかもしれませんし、見落としているのかもしれません。しかし、いずれにしろ「観ていない」のだと思います。

本来なら、今の自分は「暗い世界」にいるはずの人間かもしれない。でも、現実には明るい世界にいる。「心が晴れない」とは、そういうことでしょう。この場合、「観る」ことができている人です。

こうみると、「一寸先は闇」も「暗い世界」も、人間の心にある「観」しだいという気がします。明るい世界を求めて観でさぐり合っている、それがわれわれわれの世界であり、人生なのでしょう。

表に書いてあるのがほんまやら、裏でやっているのがほんまやらさっぱりわからん。お互い顔見合わせてきれいなこというてるけど、腹の中好いてるのか嫌っているのかわからへん。ほんまのこと言い合っているのやあらへん。そやよってに濁っているっていうの。

さて、「さぐり合い」は、果たしてお互いの間にある「濁り」を取り払うためのお互いの努力なのか、それとも一方が相手の澄んだ心を探りだすためなのか、いずれにしろ、そう考えている間は「濁り」はなくならないのでしょう。

ぼつぼつと努力して

人間も知恵のないのに、頓行を狙うたらあかん。ぼつぼつと努力して仕上げたら、三百年、四百年はつづく。京都人の商売は、やはり漸行です。大阪は、だいたい頓行でいかはる。どの世界にでも、頓行と漸行がある。

「頓と漸」それはあたかも「ウサギとカメ」を思い起こさせます。早く部長になりたい、早く社長になりたい。たしかに企業の中では社長になることはゴールかもしれない。しかし、人生のゴールではないはずです。一つひとつ仕事を覚え、一人ひとりと接し、そうして得た知識をもとに、どうにか社長になるのと、処世術に長けて、要所要所でポイントを稼ぎトントン拍子でトップにのぼりつめるのとでは、果たしてどちらが中身の濃い人生を送ったといえるのでしょうか。

人はひとりでは生きられないし、次の世代へのバトンタッチということも大事な務めです。そう考えると、一つひとつの仕事を、一人ひとりからコツコツと得たもののほうが、次世代へ引き継ぐにはよりよい方法と思えます。トントン拍子で人生を送ってきた人に、果たしてどれほどの中身の濃い引き継ぎ事項があるかは疑問です。

受けるほうも、あまり頓行で来られては準備が整いません。バトンタッチに拙速があっては、元も子もありません。頓行がいけないというのではありません。ただ、どうしても「まわりを見ずに」あるいは「まわりを置き去りにして」ということ、さらにいえば「自分のことだけ」ということに陥りやすいのです。

もちろん、時と場合によっては頓行が必要とされます。その場合であっても、漸行を凝縮した要素を外すことはできません。そうでなければ、それは頓行ではなくて拙速です。その差、意味の違いをしっかりと抑えることです。

わからんのにいつまでも……

知恵がないのを愚という。わからんのにいつまでも考えているのを愚痴という。

「課長は、なぜ私にだけ厳しくあたるのだろう」「どうせ安月給だから」「あいつばかり、ちやほやされて」……、会社でも家庭でも、どこにいても愚痴は尽きません。

ところで、会えば必ず愚痴をいう人がいます。よくもまあ、これほど愚痴がでるものだと感心するくらいです。その多くは、たんなる不満やわがままなのですが、「愚痴る」本人にとっては一大事なのでしょう。

一方で、いつも聞き役の人がいます。端からみていると、我慢強い人だなあと、こちらも感心します。

さて、愚痴る人と聞き役の人との違い、差といってもよいでしょうが、それは何でしょうか。

まず、愚痴る人に不足しているのは、客観的に自分を観る目だと思います。不満やわがままをいっているのは自分だけなのか、他の人はどうなのだろうか、自分はどうして不満なのかと、ひるがえって自分を観る目です。

観る知恵が不足しているか、ないのです。ですから、観えるようになるまで、いつまでも考え、何度でも愚痴るのです。それは、自分の問題です。他人にいっても、アドバイスはされても解決にはなりません。

一方、聞き役の人には知恵があります。いちばんの知恵は、自分の努力で知ったこと・経験したこと、また、わからないこと・未経験のことであっても「聞き置く」という知恵です。一度、自分の心の中に入れて、「自分ならこうだ」という吟味をするのです。吟味している間は愚痴が出ません。吟味してしまえば、愚痴になりません。

ところで、「会えば必ず愚痴をいう人」は、徐々に話し相手がいなくなる、遠ざかっていることにお気づきでしょうか。当然だと思います。

いつも愚痴を聞かされたなら、たまったものではありません。しかし、愚痴をいう人は、そのことにすら気がつかないのです。

そのいちばんの原因は、「私は、あなたではない」という当たり前のことに考えが及ばないからです。人は、それぞれに立つ場があり、考え方があり、生き方があります。そこに気がまわらないのです。

ですから「どうして、みんな俺の気持ちをわかってくれないの」と、いつも考えているのです。いつも自分の気持ちからしか、考えることができない。そこに大きな原因があるように思います。

ほんとうは何もわかっていない

障りというのは、知恵の暗いことをいう。わかりやすくいえば、知恵が足らん。分別の障りというのは、何を見ても「何でやろう」というて考える。そのわからん世界をいう。知恵のある者は、その道に限っては明るい。明るいのはひとつだけしかない。あとは暗闇です。手さぐりで行かなしょうがない。わかっているようにいうだけで、ほんとうは何もわかっていない。

言葉は悪いですが、「専門バカ」などということがあります。あるいは今でいう「オタク」なども同じようなことです。ひとつのことには広く深く詳しいのですが、それ以外のことになると、まわりの人が思わず「えっ」となってしまう、常識すら通用しない人もいます。

自分の専門知識に絶対的な自信、あるいはプライドといってもよいかもしれませんが、それをもっているこのような人たちに、ひとたび反論すると、「向き」になることが多いようです。そうなると、彼らには「ああ、そうか。そういうこともあるかもしれない」などといった、一歩引くということが一切なくなります。

人のいうことを聞くことは、ものすごく得をします。たとえ「くだらない」と思えることであってもです。なぜなら、そういうことはくだらないとわからせてもらえる。くだらないかどうかを判断する知識がまたひとつ増えることになります。

ところが、「オタク」は「自分の知っていることがすべて」ですから、聞く耳をもちません。それは、時として自分の専門分野のことであっても、自分の知らないことは聞く必要がないと考えている節があります。目前にあるせっかくの知識すら拾おうとしない。損をしているのです。

自分の周囲に広がる「無限の知識の海」を「有限」にし、さらに狭めているといえます。どうして人は、無限の世界を自ら有限にしてしまうのでしょうか。

それは、ひとつに怖さだと思います。「知らない怖さ」「経験したことのない怖さ」です。つまり、「ほんとうは何もわかっていない怖さ」です。「ほんとう」を突き詰めていくことは、際限のないことかもしれません。ですから、人は「もう、このへんでいいだろう」と、自ら有限にしてしまうのです。そして、その時点の知識、わかったことが知恵となって働くのだと思います。

要は、その知恵の発揮のしかたです。

「ほんとう」を知るために

ほんとうに知っているのは、悟りというの。ほんとうには知らんのを知識という。

「悟り」と「知識」、これは非常にむずかしいことだと思います。「ほんとうに知る」とは、どういうことか。まず、ここからが難題です。どこまで知ればほんとうなのか、これはわかりません。

そこで、ふと思い浮かんだ言葉が、「知ったかぶり」です。たとえ自ら経験して知り得たことであっても、それは表面的な、ほんの一部のことかもしれません。ましてや、人から聞いたことや書物から得た知識は、「ほんとうに知っている」とは、かけ離れたことなのかもしれません。

それらを吹聴したところで、「ほんとうに知っている」人にとっては、「知ったかぶり」に聞こえるでしょう。つまり、われわれの知識というのは、まだまだ「ほんとう」には遠いのだから、いつも謙虚にいなさい、謙虚に教えを請いなさい、それが「ほんとうを知る道ですよ」と、おっしゃっているような気がします。

それでは、「ほんとう」を知ることは、どだい無理なことなのでしょうか。否、そうではないと思います。なぜなら「ほんとう」を知るということは、心の問題だからです。「あっ、そういうことなのか」と、心底で知り得たなら、それは「ほんとう」です。ただ、普通はそこまで「知ること」を追わないのです。

ですから、「ほんとう」を知ることができないのではなく、「ほんとう」を知るまでの謙虚さをもちつづけることのほうがむずかしいのかもしれません。そこで「知ったかぶり」が、我慢しきれずに出てきてしまうのでしょう。

「ほんとう」を知るために生きている、それが人生といっても過言ではないのでしょう。

百歳過ぎても手習い

これでええか、間違うてへんか

大西良慶和上は、書画をたいへん堪能とされていました。われわれ小僧は、いつも墨すりをしたものです。百九歳で亡くなられましたが、私は「百久（百九）歳」という年齢の入った色紙を一枚いただいております。良慶和上は、昭和五十八年（１９８３）二月十五日に亡くなっておられるのですが、その色紙はその年のお正月に書かれたものです。字を書かれるのが、ほんとうにお好きでした。

百歳を過ぎてからでも、腰を矯《た》めて一気呵成に何十枚も書かれておれました。しかも、硯《すずり》に墨がなくなって書き終えられますと、使われた筆に水を落として、硯を洗うようにして薄い墨をつくられ、その墨で包装紙の裏などを使って手習いをされるのです。一生懸命書いたあとに、さらに手習いをされる。そのお姿を目にしたときは、ほんとうに驚きました。今でもそのお姿が、神々しく私の胸に焼きついております。

百歳を過ぎれば点がなかろうが、撥《は》ねてなかろうが、皆さんは堪忍してくださるはずです。しかし良慶和上は、「これでええか。間違ごうてへんか。大丈夫か」といちいち確かめながら、お手本を広げて楷書の基本を勉強していらっしゃる。もう、これで終わりということはない。最期まで精進を積んでおられました。

それはとりもなおさず「積集《しゃくじゅう》」という、心の中に手習いという精進をひとつでも多く積み重ねようとなされておられたのです。

私たちは、観音さまのように心の響きを自在に聞いたり観たりすることはなかなかできません。しかし、だからこそ「あれでもない、これでもない」と勉強に勉強を重ねて心を磨き上げ、つくり上げて豊かなものにしてゆきたいものです。

自分の心が豊かであれば、いつまでも豊かな世界に住むことができるのではないでしょうか。

我の強い者が無理をしている

われわれは、我のかたまりなのです。みな我で生きている。その我がなかったなら、この競争闘争の世の中に生きていられへん。何くそ、おれがやったる、何くそとみな気張るときに、俗にいう我でやっている。正しい道理からやっているというのは、皮をむいていうたら、我の強い者が無理をしている。我のことをきれいな言葉でいうたら闘志という。

組織には、二・六・二の法則というものがあります。優秀な二割の人材と普通の六割の人材、そして二割の劣等生です。極端にいえば、優秀な二割の人たちが、残りの八割を食べさせているのです。あまり賛成したくない法則ですが、現実としてはそのようです。

皆さんは「我慢強い」と「我を張る」、どちらの人といわれたいですか。おそらく大部分が「我慢強い人」といわれたほうがよいと答えると思います。それは、「我慢強い」＝「がんばり」、「我を張る」＝「わがまま」

ととらえているからです。

しかし、受け取り方は人それぞれで、我慢強いもわがままも紙一重です。いずれにしろ、どちらも「我を通している」のです。違いがあるとすれば、我慢強いは、自分を含めたみんなのため、わがままは、あくまでも自分のためです。

「わがままだね、この子は」といいながらも、案外子どもの思いどおりになっていることが少なくありません。なぜなら、相手が子どもだからです。これが、社会人になって「あの人は、わがままだね」といわれたら、あまり付き合いたくないといわれたのと同じでしょう。

さて、冒頭の二・六・二の法則に戻りますが、基本的には、皆さん優秀な人材だと思います。そうでなければ、組織は採用しなかったはずです。それでは、どこで、どのような差となって出てくるのでしょうか。

そのひとつは、やり遂げることが自分のため、人のためと考えられる知恵があるかどうかだと思います。つまり、常に与えられた仕事はやり遂げなければならないと、意識して前向きに考えている人が二割、当たり前のことなので、ことさら意識はしてない人が六割、端からそういったことは考えないか、自分の損得勘定だけで判断する人が二割、こういうことではないでしょうか。

自分の損得勘定ばかり考えている人が、我が弱く甘ったれとは必ずしもいえませんが、我が強い人に無理をさせていることは間違いないでしょう。その点を周囲の人が、どう考えるかです。

「世の中はそういうものだから、しょうがない」とするか、「否、何とか後の二割を解消しよう」とするかです。そして、その解消のための努力を先の二割の人がするか、ふつうの六割の人がするか、です。

そこに、組織としての大きな分かれ目が生じます。組織としての我、闘志がみなぎるかは、そこにかかっています。

このことは、次の「我を捨てて徳を積む」に、通じるものだと思います。

我を捨てて徳を積む

人間の我というのは、そのときは偉い、無理した我は、時間たったら滅びてしまう。やはり、我を捨てて徳を積まんとあかん。私は化粧ということで考えている。人間同士化粧したら、それはよう見えるの。祇園街の芸者や舞子というものはきれいに見える。それは、我で塗ったある。あれは我の姿です。お客さんいなはったら、その衣裳も帯も捨ててしまって、今度は筒っぽもってもんぺはいて働いていやはる。それが本当の姿です。

本当の姿が、いちばん美しいと思うのですが、なぜ化粧をするのでしょうか。人「よりも」少しでも美しくいたいから、人「よりも」少しでも目立ちたいから、……人によってさまざまでしょうが、変わらないのは「よりも」ということです。

人は一生、「よりも」を追い求める動物なのかもしれません。しかし、一方で「上には上」ということもあります。どれほど化粧をしようと、上には上がいると気がつくと同時に、素の美しさは誰もが平等と気づいてほしいのです。「よりも」を追い求めることが悪いことだとか、それをやめなさいというのではありません。否、「よりも」を追い求めることは、むしろ必要でしょう。その第一は「昨日の自分よりも今日の自分、明日の自分へ」と、日々磨きをかけていくことです。決して、化粧をした見栄えではありません。

もちろん他人に裸を見られるのは恥ずかしいことですが、素の自分を見られることは恥ずかしいことでも何でもありません。むしろ、本当の自分を見てくださいと誇れるのではないでしょうか。

素の自分が誇れないということは、心が誇れないということです。人間らしくあるなら、誰もが誇れるのは、まず心です。

まずは「自分のためよりも人のため」であるならば、二・六・二の法則も、見栄えのための心を伴わない化粧も、必要ないでしょう。

片手の声を聞く

ありえないことやけれどもある。それありえないことが、いつ来るかわからない。ですから、ありえないことが来よるのやで、ありえないことが世の中にはあるのやでと、これを知るのが片手の声を聞くということです。人間の知恵、人間の世界にありえないことがあるということを、片手の声を聞いて来いといわれる。そこに気づいたら、家の中に怪我過ちがあらへん。何でかと申すと、言葉の慎み、心の慎みが行き渡る。

私たちの身のまわりには、「まさか」とか「えっ」と思うことが、よくあります。最近の事件や事故は、まさしくそのとおりです。今までなら考えもつかないようなことが多発しています。「世の中、どうなってしまったのだろうか、どうなっていくのだろうか」と、考えさせられることばかりです。

人間の知恵では、考えつかないことが起きてしまったなら、一度そこで立ち止まって、まわりを見てもう一度「知る」ということを考えるべきだと思います。考えつかないことを起こしてしまいそうな心をもった自分は、誰にでもあるのかもしれません。

そこで、普通は「人間として」と考えるわけです。「過っている」「外れている」……それらが瞬時に判断材料として頭に浮かび、思いとどまる。そうさせるのが、「人間として」ということです。

ところが、「人間として」と考えることがないか、希薄なために「まさか」とか「えっ」と思わせるようなことを起こしてしまう。なかには、そうしたことを知る機会を経ずして、大きくなってしまった方もいるでしょうが、このことは教えてもらわなければわからないことではありません。人間として生まれた「性」です。本能的に身につけているべきものです。

「謙譲の美徳」という言葉がありますが、自分は一段下がって、あるいは一歩引いて、相手を高めること、これは人間が本来もっている性だと思います。「相手を思う」「相手を高める」すなわち「謙譲」であり「慎み」です。

これさえ心にいつも置くならば、人間らしさから外れることはないでしょう。

ところが、「過ぎたるは及ばざるがごとし」という言葉があるように、謙譲も時として、過ぎたるものになってしまう場合があります。ただ、よく考えてみると、それは心の慎みが足りないことに気がつきます。

言葉にも行動にも「慎み」をもたせるには、やはり心に慎みがないかぎり表れないものであるし、場合によっては過ぎたるものになってしまう。心が大事だということです。ありえないことを知る、あるいは片手の声を聞くとは、和上のお言葉を借りれば、
聞かんのに**聞こえる声**、**見え**ないのに**見える景色**が**見え**てくるようになったら、**極楽**が**見える**ようになる。**何遍**もやっている**間**にうまみがでてくる。**それは皆**さん**方**の**持**ち**前**なの。

ということでしょう。

自分の周囲は皆ありがたい

この世の中は、ありがたいものばかりです。自分の周囲みなありがたい。自分の心の中に、それを忘れたらあきません。喜びの心忘れたらあかん。

有り難いことがある。だから、ありがたい。日々、平々凡々に暮らしていける。これは、有り難いことです。現代では、なおさらそういえると思います。平均寿命以上に生き、その間病気もケガもしたことがない。事件・事故にも遭っていない。お医者さんに診てもらったのは、死亡診断書を書いてもらうときだけなら、これほど有り難く、ありがたいことはありません。

日々を平々凡々に過ごせる以上のことを欲するのは、欲張りです。ところが、人は健康であればあるほど、それに飽きたらず欲をかきます。

人は一生のうちに、心の底から「ありがとう」と思える機会が何回くらいあるのでしょうか。これが多ければ多いほど、「よい人生なんだ」と思います。「それでは、いつも周囲に世話になっているばかりじゃないか」と思えることも確かなのですが、借りができたならば必ず返す。そうでなければ周囲は世話をしてくれません。貸し借りは信用です。

ところで、皆さんは日本語の中で美しいと感じる言葉をあげるとすれば、何をあげますか。おそらく「ありがとう」「さようなら」「お気をつけて」「ようこそ」「もったいない」などは、必ずあげたくなるのではないでしょうか。それぞれが「相手を思いやる気持ち」だと思います。

ありたい、ありたい、長生きしたい、ええ着物着たい、うまいもの食べたい、あれがほしい、これがほしい、いうよってに目の色が変わってくる。せやよってに、これは心の問題やというところへ落ちつかはったら、それをじいっと考えて心の世界へはいらはった。

まず凡人は、「心の世界」について考える必要がありそうです。

職業を粗末に考えたらいかん

自分の仕事をありがたい、もったいないと思わないといかん。そうでないと、人間の値打ちがない。人間の値打ちは、自分の仕事に対して、頭を下げるくらいでないといかん。職業を粗末に考えたらいかん。仕事は、生命の源であると同時に、一生の身の保護になる。

百丈禅師の言葉「一日なさざれば一日食らわず」と好一対をなすのが「働かざるもの食うべからず」という新約聖書にあるパウロの言葉ですが、洋の東西を問わず「無為徒食」を理想とする人たちはいるようです。たしかに「楽したい」、「楽になりたい」という願いは、私たちの心にいつもあります。しかし、そのために努力するのが人間ではないでしょうか。さらにいえば、「楽になりたい」がために、日々苦労しているのが人間ともいえます。

「それでは、死ぬまで苦労がつづくかもしれない。いつまで努力すれば楽になるのかわからない」と、目先の「楽」に心も身体も動きがちですが、人は働いているときこそ、最高の輝きを放ちます。「働くこと」というのは、「お金を稼ぐ」とは、同義ではないと思います。赤ちゃんは必死にお母さんのおっぱいを吸います。これが働きです。学校に行くようになったら勉強すること、それが働きです。つまり、「働くこと」というのは「生きること」「生きるため」なのです。

こうみると、生まれたその日から一時も働きを軽々しく考えることはできません。

ところで、「天職」といいますが、これは「手に職」でもあると思います。決して資格を身につけてとか、あるいは他を寄せつけないほどの匠の世界のことをいうわけではありません。職というのは、やはり軽々しく手に入れて、粗末に扱えるものではない、手中にありがたく修めるものでしょう。それが「天職」であり、「手に職」だと思います。

良慶和上追慕 三

長生きの秘訣

よく食べ、よく働き、よく寝るこっちゃ

良慶和上は、百九歳で亡くなられましたが、日本人男性の平均寿命は現在でも八十歳前後なわけですから、そのようなお歳まで生きられるということは、ほんとうにえらいことです。百歳を過ぎると、多くの新聞社やテレビ局がインタビューに来られました。そうしますと、質問はだいたい同じようなことを聞かれるわけです。しかし、少しも嫌がることなく、いつも気軽に応じられました。

質問の多くは「管長さん、長寿の秘訣は何ですか。健康の秘訣は何ですか」ということです。そこで和上は、

「長生きの秘訣、それはよく食べること。よく働くこと。そして、よく寝ること。この三つやね」といわれました。

あるとき、東京から来た若い記者は、「そうですか。それなら信心は入らないのですか」と、不思議そうに聞き直しました。そうしましたら、和上は「それはあかん。三つしかない」といわれるのです。記者は、ぽかんとしておりました。

私は隣に座ってお話を聞いていたのですが、「はあ、なるほど」と少しピンときました。というのは、「よく食べて、よく働いて、よく寝る」という三つの根底には、信仰心があるのです。「ありがとう」という神仏へのお礼がなかったら、この三つはほんとうにはできないのです。

ですから、わざわざ「仏さんに手え合わせえ」などということは、あらためて口に出さない。いかにも良慶和上らしいところだと思います。

「よく食べる」ということは、おいしくいただくということです。「いただきます」「ごちそうさま」と素直にいえる、感謝するから、おいしくいただけるのです。

「よく働く」ということは、身に応じただけのからだを使えということとなのです。使えるからだなのに、ずぼらをしたらいけないということです。

和上はあのお歳でございましたけれども、お部屋の中でもよく歩いておられました。ご自身が歩いていって本棚から「よいしょ、よいしょ」と本をもってくる。それで、「この本のだいたいこのあたりに、これこれのことが書いてあるから、いっぺん字引を引いてくれ」とおっしゃるのです。

私たちは部屋で座っているだけです。和上はご自身で本をもってこられて、そして、お目が不自由ですから、私たちが細かい字を引いて「ここにあります」と。

和上は、「あったか、あったか。そこには、何と書いてある」といわれる。それで、「こうこうでございます」と説明する。すると、「ああ、そうか、そうか。ようわかった」といわれて、それをまたもって本棚へ返しに行かれる。

それから、「よく寝る」ということについては、「すっと寝るためには、仏さんと一緒に寝るこっちゃ」といわれたのです。

「歳いったら、なかなか寝られんぞ。これ、かなわんぞ。だから、夜寝るときはすっと寝なあかん。そのためには、夜寝るときには、『今日一日、まあ何とか無事でございました。おおきに。観音さん、阿弥陀さん、おおきに』といって、仏さんに感謝の念を抱いて、さっと寝る」と和上はいわれました。

ほんとうに信心というものがなかったら、この三つはうまくいきません。つまりそれは、日々の生活の中のいろいろなこと、起きても寝ても働いても何をしていても、一つひとつを丁寧にせよということなのです。念を入れて丁寧にしなさい。それは、自分の力以上にしなさいということではないのです。身の丈にあったことを、丁寧にせよということです。

いつが始まりで、いつが終わりか

人間は、誰でも賢くて知恵者やと思うている。しかも、その知恵は自分だけ明るいと思うている。ところが、本当をいえば、なぜ人間に生まれてきたかということもわからなければ、生きていてこれからどうなるのかということもわからない。いつが始まりで、いつが終わりであるかということもわからない。

「人は、いずれ死ぬことがわかっているのに、なぜ必死に生きるのでしょうか」。大きな命題だと思います。これに対する考え方で、人生が決まるような気がします。簡単にいえば、「せっかくこの世に生を受けたのだから」と考えるか、「ひとりの力ではどうすることもできない。時の流れに身をまかせ」と考えるかです。

また、それらをいつの時点で、たとえおぼろげながらも考えるかです。

「坊や、大きくなったら何になりたいの」このときの答えは、テレビドラマのヒーローかもしれませんし、漫画のキャラクターかもしれません。「君は、将来何を目指しているの」このときの答えは、教師とか弁護士、社長と、より具体的になっていることでしょう。

もちろん、時代が違えば「お侍さん」や「兵隊さん」「父ちゃんのあとを継いで、猟師になる」……ということも当然考えられます。

この「○○になりたい」「将来は、こうありたい」という気持ちは、誰もがもつものです。ところが、どれほど知恵をつけても、どうにもならないことが誰にでもあります。そこで、時として「あーあ、もういいや。流れに身をまかせよう」となるのですが、流れの中にいても「私は○○になりたい、こうありたい」と考えます。いつも、始まりと終わりが定かではない、堂々巡りなのです。

「適当」という言葉、これが二種類の人生をいいえていると思います。ひとつは、「よくあてはまっている・ほどよい」人生です。もうひとつは、「要領のよい・いい加減な」人生です。最近では、「適当」という言葉は、どちらかといえば、「いい加減」という意味で多く使われますが、いずれにしろ、どちらに転んでも「適当」な人生です。

つまり、基本的には、世の中はわからないこと、知らないことばかりなのだと思います。私たちには、生まれたときの記憶がありません。死んだときには、どうなるか、それを伝えることもできません。

人生は、それで程良く、ある意味要領のよい、それが適当なのではないでしょうか。

自分を知って、自分の力で

人間は、知恵が足らんわりに、欲が強い。そして、自分の欲が悪いと思わへん。人の欲は悪いと思う。嫌いな人がいいよったら、腹が立つ。ものがわかって、できるだけのことをやって、できるだけの程度で生きていかんならん。自分を知って、自分の力だけで生きていったらよいのや。

欲をかいてはいけないとわかっていても、自分の力、自分の程度がわからないから、満足が欲しくて、どうしても欲張ってしまう。不足・不満のあることが現状ならば、それがあるがまま、現在の自分です。

ところで、現在の自分に足りないところ、足りないものを補おうとすることは、大事なことだと思います。何も考えず、何もしなければ、補うことはできません。

それでは、その「補おうとする心」は「欲」なのでしょうか。

まさしく「欲」だと思います。ただ、同じ物欲、金銭欲であっても、それが「自分のためであり、人のため」なのか、「自分のためだけ」なのか、あるいは「自分のためだけ」であっても、それが「生きるため」なのか、「余裕を得る」ためなのか、中身はいろいろだと思います。

駄々をこねてものを欲しがるのは、子どもです。しかし、それが現在では、大人の世界にもまん延しているような気がします。子どもには、相手に理解してもらう、相手を説得する能力が不足しています。ですから、「欲しい」となれば、駄々をこねるほかないのです。

ところが、大人はどうでしょうか。それらを養う機会は、いくらでもあったはずです。それでも駄々をこねるのは、知恵が足りないのです。世の中に甘え、人に甘え、そして何より、自分に甘いのです。極論ですが、このことは犯罪の増加の原因にも結びついていると思います。

ここ数年、自己破産申請が急増しています。なかには、自分に落ち度はまったくないにもかかわらず、莫大な負債を抱えてしまったために自己破産申請をせざるをえなかったというような悲惨な事件もあります。

一方で、ギャンブルに手を染め、借金が雪達磨《ゆきだるま》式に増え、どうにも首が回らなくなった。そこで、自己破産申請をしたという案件もあります。どちらかといえば、このギャンブルやクレジットカードの使いすぎによる借金が原因ということのほうが多いようです。

「自己破産」をあまりにも安易に考えている風潮もありますが、それ以上に、なぜ、自分の「できるだけの程度」ですませられないのか、その「程度」がわからないことのほうが問題です。

われわれは、欲の世界にいるから、どうしても罪をつくる。欲の世界でいえば人のものでもほしい。そういう心相になるほどきたない心、泥の心になるの。心のきたないやつは、泥のやつは悲惨になりよる。

生きていくためには、欲も必要でしょう。しかし、欲をかくよりは、欠くくらいのほうがよいのです。

間を大切に

人の間、その「間」が互いに仲良うして、助け合っていかないかん。

「間が悪いなあ」「空気を読めよ」といった言葉をよく使います。社会に出ると「間の悪い人」「空気の読めない人」というのは、人間関係において、どうしても苦労しがちです。

間がクッションになって、その場を取りもち、いさかいにならないこともあれば、もともとそのクッションが硬く、場を和らげることができなければ、喧嘩になることもあるでしょう。

「暗黙のルール」という言葉があります。「アンリトン・ルール（unwritten rule　文章化されていない規則）」なども同類でしょう。武士道と騎士道の差こそあれ、どちらの「道」にもあるものです。「いわなくとも当たり前のこと・書かれていなくとも当たり前のこと」ですから、「人間道」の中にあるもの、ひいては心の中に当然にあるものといえます。

ところが、それが通じないとなったら、すべて文章化された規則の中で生きていかなければならなくなります。とても窮屈な社会です。ですから間が必要になるのです。

ところで、「以心伝心」という四字熟語がありますが、最近読んだビジネス実務書の中に、「以心伝心は間違いのもと」という一文がありました。そこには「口に出していわなくても、このくらいのことはわかっているだろう」「口に出していわなくても、そのくらいのことはわかるよ」とあり、これが間違いを生むとありましたが、果たして、これは以心伝心でしょうか。

本来「心を以て、心を伝える」わけですが、この例文の場合、「このくらい」とか「そのくらい」というように、具体性があります。つまり、「心を以て、心を伝えている」わけではないのです。

それはともかく、この具体性の中身が多ければ多いほど、間違いの可能性も増えます。「知っているつもり」「わかったつもり」「いったつもり」……と、すべて「つもり」では、会話は成り立っても、意思の疎通は成り立ちません。

同様なことに、「代名詞会話」があります。

「もしもし、例の件ですが。いやいや、その件です、その件」

「この件ですか。それは、このあいだ、例の場所で」

「先日、あの場所では、こちらの件を」

「この件は、そちらの彼が」

「彼は、その日は、そちらの彼と」……

端で聞いていると、何のことやら皆目見当がつきません。会話の当事者にしてみれば、それがねらいなのかもしれません。案外、話題の個人情報保護法を気にしてのことかもしれませんが、いずれにしろ間違いのもとであることに変わりはないでしょう。

話を戻して、「以心伝心」ですが、これは具体的なやりとりの場、さらにはその内容のことをいっているのではありません。

「どうだ」

「そうだね」

これで通じるのも以心伝心だと思いますが、さらにいえば、言葉がなくても通じること、それです。そして、「誤解のもと」といいますが、言葉なくして通じる「間」をもつ仲ならば、誤解はありません。逆にいえば、誤解が生じるようならば、以心伝心という言葉がない仲なのです。

世の中は思うようにならん世界やな

人間の知恵は、世の中を難儀な世界やな、と受け取っている。思うようにならん世界やと思うている。ですから、人生は苦なりということが出てくる。

さて、皆さんは「当たり前」とか、「普通」ということをどのようにお考えでしょうか。自らの経験や書物をとおして自分の物差しをつくり、他の多くの人の物差しと測りくらべ、それで測った中間、あるいはいちばん一般的なこと、それを称して「当たり前」とか「普通」というのだと思います。

ですから、いろいろ経験してきた自分にとっては当たり前のことであっても、相手にとってはものすごく辛く苦しいことになることもあります。お互いがもつ物差しの長さの違いだと思います。

自分の物差しが短いからといって、それを長くしようと経験することも難儀ですし、そのままにしておき未経験のままであっても難儀です。知恵をもつことは、難儀を知ることです。

よくいうのですが、「お金を稼ぐということは大変なこと、仕事というのは辛いもの。どうせそういうものであるならば、楽しくやりましょう」と。知恵がなければお金は稼げません。知恵がなければ仕事はできません。それを楽しくやるには、さらに知恵がなければできません。

なぜならば、大変なこと、辛いことを知ったうえでないと、どうすれば楽しくできるかが考えつかないからです。初めから楽しくお金が稼げる、楽に仕事ができるならば、それに越したことはありませんが、それは「稼ぎ」でもありませんし、「仕事」でもありません。

難儀な世界だと知ることが、楽しい世界の始まりだとも考えられます。ただ、どうも人間は難儀な世界を好んでいるようでもあります。それが、良慶和上の次のお言葉です。

人間は難儀の世界に生きたい

一日でも長生きして、一日でも長く難儀な目にあいたがっている。この世にいればいるだけ難儀する。ところが、その難儀の世界に実は人間は生きたい。

冬の寒い朝などは特に感じるのですが、「ああ、もう少し布団の中にいたい。起きたくない。あと十分、いや五分でも」と。まあ、これなどは些細なもので、「会社に行きたくない。休みたい。休もう」となったら、これは問題です。

夜、眠りに入ってから、朝、目が覚めるまでは、楽しいことも嫌なことも考え(られ)ず、目が覚めたら「ああ、もう少し布団の中にいたい」と、その瞬間に難儀が始まっています。それでも起きて、学校に行き、会社に行き、一人ひとり自分のやるべきことをやるのが当たり前です。

人は難儀することが当たり前なのです。日々、難儀することを少しでも減らそうと考えながら過ごすのが人生です。辛いこと、苦しいことを少しでも減らそうとするわけですから、楽しいことをするのも難儀なのです。

しかし、それでは暗くなってしまいます。いつもうつむいた人生になってしまいます。そこで、楽しい人生のために難儀を一つひとつ越えていくと考えてみたらどうでしょうか。行きつくところは「楽しい人生」です。そのために今、難儀しているということです。

人のは悪いという、それが慢心

自分のよいところばかりを考える。これやったら、たいして悪いことではない。ところが、自分のはよい、という反面に、人のは悪いという。これが慢心やの。

物事が順調に運んでいるときこそ、注意しなさいという意味で、「好事魔多し」といいますが、順調にいっているときに表れやすいのが「自分（の）はよいが、人（の）は悪い」という心です。自分に都合のよい考え方は、ある意味、しょうがないこと、当然のことかもしれません。いい方を変えれば、「前向き」に考えているともいえましょう。

しかし、それはあくまで「自分にとって」であり、「他人と比較してのもの」ではないのです。あなたが、「自分（の）はよいが、人（の）は悪い」と思っている間に、人はあなたを目標に、さらによくなっているかもしれない。そうした切磋琢磨をして、皆さんがたえず「前向き」

に生きているにもかかわらず、そのほんのわずかでしかない間に、「人（の）は悪い」という結論を求めようとする心が、慢心です。

さて、「競争」という場合、普通は自らの実力、能力で他より抜きん出ることを目指すと思います。しかし、たんに他より抜きん出さえすればいいのなら、前を、あるいは上をいく人たちが転んだり、落ちたりすることを待つということも考えられます。

また、わざと後から行って足を引っ張るということも考えられます。結果としては、この場合も自分がいちばん他より抜きん出ていたということはありえます。この場合は、悪意のある慢心です。

慢心というのは、今一瞬の出来事に対して出した、自分なりの結果・結論であって、勝負でいうなら、すでに敗者です。なぜなら、今一瞬の出来事は、慢心した時点で、すでに過去の出来事だからです。本来なら、慢心している一瞬すらないのです。

ところが、人は他者との比較の中に身を置くと、案外安心するものです。これは、慢心そのものだと思うのですが、なぜ安心するのでしょうか。「上には上がいるけれど、下にもたくさんいる」と考えてしまうからでしょうか。そう考える人は、自分だけではないと思えるからでしょうか。

いずれにしろ、そこにあるのは他者との比較です。そこにばかり目がいくと、自分の世界が小さくなります。それを避けるには、つまり慢心から抜け出すには、「他人は他人、自分は自分」と、他人との比較よりも、まずは自分はどうかと考えることが重要です。

慢心は、たえず保障のない結論を求めることにほかなりません。

思いと言葉と行動と

思いと、言葉と、行動との三つがひとつになって業をなすのです。

「業」を「ぎょう」と読めば、「生活のためにする仕事、なりわい」あるいは「努力してする仕事、学ぶこと。その成果、わざ」。「ごう」と読めば、「報いを受けるもとになる善悪の行い。それが将来に及ぼす影響」。このような意味になると思います。

ところで、「ごう」と読ませる熟語を見てみましょう。「業火」「業（強）突く張り」「業腹」「業風」……、どれをとっても少々怖い感じがします。

よく使う言葉には「業を煮やす」というのもあります。

いずれも心地よい感じは受けません。その「感じ」はともかく、思いが言葉となって表れ、思いが行動させる。とするならば、すべては思い（心）にあるということでしょう。

よい例ではありませんが、「心ない言葉」「心ない行動」とは、報いを受けるもとになる悪の行いといえます。「悪の行い」といえば、極端すぎるかもしれませんが、報いを受けざるをえないことは確かでしょう。結果がどうあれ、責めを負わなくてはなりません。

「心ない言葉」「心ない行動」で、自責の念にかられるならば、業をなすことはできません。つまりその逆、「心ある言葉」「心ある行動」を常々心がけていれば、三位一体、業をなすのです。

さて、前述の「業を煮やす」ですが、思うようにいかない自分にいらいらするならまだしも、相手に対して「業を煮やす」ような場合、いらいらから立腹へとなります。

そのときです。皆さんは、相手の思いと言葉と行動のどれかが欠けていると感じたならば、わが身のそれについても、もう一度考えてみてください。

なぜなら「業をなす」とは、相手があってこそ、成り立つものだと思うからです。

浮き沈みがええのです

人間の世界は、まるで舞台と楽屋みたいなものです。政治であろうが、国際間であろうが、同じことで出たり入ったりする。浮き沈みする。この浮き沈みがええのです。

「人生という舞台を見事に演じきった」といえば、役者が亡くなったときの弔辞によく出てくる言葉ですが、「見事に演じきる」には、幕間の楽屋での所作が大事ともいいます。

私たちは、仕事をしているときが舞台とするなら、楽屋はどこになるのでしょうか。みんなと胸襟を開いて話せる飲み屋という人もいるでしょう。何といっても家庭をおいて他にないという人もいるでしょう。なかには、通勤途上の電車の中が唯一の楽屋だという人もいるかもしれません。

人それぞれに、楽屋はどこであろうが、問題はそこでの過ごし方ではないでしょうか。もちろん、楽屋で過ごすいちばんの目的は「疲れを癒す」ことでしょう。しかし、それがたんに何も考えずに「ぐたー」では、次の舞台への出演に差し障りがあるのではないでしょうか。

つまり、楽屋とは「次の舞台への準備の場」なのです。

ただ、次の舞台への準備の場とはいえ、いわゆる「息抜きのない」人生は、どこかで息切れを起こします。それが、ある日ある時に出る浮き沈みの「沈みの時」です。それは、どれほど準備しようと、どれほど鍛錬していようと、人生のある時期には、皆さん、必ずあることではないでしょうか。

そうであるならば、人生に浮き沈みがあるのは当然のこと。そして、当たり前のことを経験することは、自然のこと、幸せなことと考えられないでしょうか。

私たちは、どんなに体調が悪くても、気分がすぐれなくても、舞台で自分の役割を演じなければならないときがあります。そういったときに自分をどう演じきるか、そこに表れるのが楽屋での所作です。楽屋が大事ということです。楽屋から舞台へ「上がる」といいます。舞台から楽屋へ「下がる」といいます。どちらも自らの意志です。

その意志が、強いものでなければ楽屋へ下げられます。強い意志があるなら舞台へ上げてもらえます。人生に浮き沈みが必ずあるとするなら、強い意志で浮き、沈み始めたら強い意志で浅いうちにくい止める。そのように考える人生でありたいものです。

余談ですが、「清水の舞台から飛び降りたつもりで」というのは、強い意志を表すたとえです。捲土重来、再び舞台へ上がろうとする強い意志があることの裏返しでもあるでしょう。

もっとも、あくまでも「つもり」です。高層ビルなどなかった時代の「高さ」の表現でもあったということです。

荷物を背負う喜び

余計もっているときは、これで便利やと思ったら喜べる。ないときは荷物がなくて軽いなと思ったら喜べる。

私たちの人生で背負う荷物は多く、また重いものです。なかには、少なく軽いという人もいるかもしれません。逆に、生まれたときから多く重い荷物を背負うことが決まっていたかのような人もいます。さて、皆さんはどうでしょうか。

「背中に背負い、両手に持ったこの荷物、いつになったら下ろせるのか、ちょっとそこで休憩しようかな」と思ったことはありませんか。それは、少なく軽い荷物を背負った人も同じです。ふだん、あまり荷物を背負わない人にとっては、少なく軽い荷物であっても、とても辛く感じるはずです。それが上り坂、道なき道であるならば、なおさらです。

少なかろうが多かろうが、軽かろうが重かろうが、また、背負わざるをえない人もいれば、背負わなくてもいいものをわざわざ背負う人もいます。しかし、どれも「荷物」は「荷物」です。要は、背負ったときに、あるいは背負った荷物を自分自身がどう思うかということです。

人生は荷物を背負った道程だと思うか、なぜ私だけが重い荷物を背負うのかと思うか、なぜ今、背負わなくてはいけないのかと思うか、その人なりにさまざまです。

誰しもが、当たり前に荷物を背負うのであれば、荷物の多少、軽重は考え方しだい、心しだいです。

自力と他力

他力ばかりでもいかんし、自力ばかりでもいかん。これ以上自分の力がいかんと、そこで他力がでてくる。自分の力でできることは自分でせんといかんの。

「人のことばかりあてにして……。少しは自分でやったら」といわれる人がいる一方で、「何でもかんでも抱え込むなよ。たまには人の手を借りてもいいんだぞ」といわれる人もいます。何でも「人まかせ」は困りますが、何でも「抱え込む」のも困ります。

さて、グループで行動を起こすときに、メンバーは五人、そのうち四人まではすんなり決まったが、最後のひとりが決まらない。残ったのは、「人まかせ」の人と「抱え込む」人だった場合、皆さんならば、どちらの人を選ぶでしょうか。

おそらく「がんばってもらえそう」ということで、「抱え込む」人を選ぶのではないでしょうか。その選択に間違いはないと思います。ただ、「本人のがんばりに他のメンバーが応えるならば」というただし書き付きの選択です。本人の能力以上のものを抱え込んでいるにもかかわらず、周囲は「ああ、がんばっているな」程度の見方しかできないのであれば、その選択は間違いです。

抱え込んだ本人にしてみれば、預かった仕事は何が何でもひとりでやり遂げようという責任感、あるいは人に手伝ってもらうことは、借りをつくることだから、それは避けたい。さらにいえば、ひとりでできなかった場合は、自分にも人にも、仕事にも負けたことになると思っているのかもしれません。

いずれにしろ、「ひとりで」という強い思いにはまってしまったら、時すでに遅し。周囲が手を貸そうと思っても、本人は譲ろうとしないでしょう。これが「抱え込む」人の怖さです。

それでは、「人まかせ」の人はどうでしょうか。えてして「いい加減」

とか「無責任」と、とられがちの人ですが、必ずしもそうとはいいきれない面があります。「人まかせ」といっても、まったく仕事をしないわけではありません。組織の中では許されないことですが、仕事の内容の好き嫌い、自らの能力の範囲などを知らず知らずのうちに、冷静に選択している場合があります。

ですから、「あの人にはこの仕事を」と明確に意識づけて渡すと、案外責任をもってしっかりやり遂げます。自分の能力でできることは見事にやり遂げ、能力以上のものは人まかせ。身勝手ととられかねませんが、ある面、仕事のやりやすさはあるのです。

自力と他力、どちらも自分や他人を「あてにする」ことから始まっているような気がします。ただ、「がんばれ」も「頼むよ」も、心がなければあてにはできません。

死んでもいいというのは弱気なん

一人前の人が弱気で生きるという粗末なことがあったらいかん。どうしても強気でいかないかん。その強気というのが、長命しよる。もう何でもいい、死んでもいいというのは弱気なん。

世の中は、景気が上向きはじめているといいます。たしかに、お正月の初売りでは、億単位の福袋が即日完売したとか、株価は一時の倍近くになっているとか、景気のいい話はテレビ・ラジオ、紙・誌上を飛び交っています。しかし、どれもこれも私たちの実感として、手元にはありません。むしろ「ほんとうかな?」と感じることのほうが多いでしょう。

一方、人生半ばで自らの命を絶ってしまう、不景気が原因と思われる自殺者は、一向に減少しません。なかにはリストラされた父親のこと、ひいては家計のことを案じて、自らの人生を絶ってしまう子どもたちもいます。

自殺した彼らは、決して敗者ではありません。ほんの少しばかり、自分に対しても世の中に対しても弱気だったのだと思います。

それは、自分のためではありません。人のために自分が弱気になってしまったのです。ひと言でいえば「もうしわけない」という気持ちです。しかし、自らの命を絶つほどのもうしわけなさとは、何でしょうか。「人のため、人のため」と思っていても、それは巡り巡って自分のためです。自らの命を絶つほどのもうしわけなさとは、自らの人生を自らの手で閉じてしまう、心の弱さです。せめて自分に対しては、強気でありたいものです。

人の心（情）を慮り、お互いにがんばろうと、わが心を奮い立たせる、そのような強い気持ちがありさえすれば、「情けは人のためならず」自分のためである。そのことをいつも心に留めておきたいものです。

百九歳の大往生
心配することいらん、もういっぺん手伝いに来るぞ

良慶和上は、お釈迦さまが亡くなられたのと同じ日時の昭和五十八年（1983）二月十五日の朝四時に亡くなりました。

亡くなる前日、十四日の夕方六時すぎ、成就院《じょうじゅいん》玄関脇にあった寺務所の火鉢の炭火を持ってお部屋のお炬燵《こた》に火を入れにまいりました。和上は、横になっておられましたが、「机の上にある漢方薬のコップのお薬をひと口飲ませてくれ」といって飲まれ、「寺務所も今日は終わりか。暗うなってきたから、お前も早よ帰りや」といわれ、ご挨拶をして下がりました。今、思えば、これが最後でした。

さて前々から、和上からこんな話を聞いておりました。

建仁寺の竹田默雷という明治時代の禅宗の偉い和尚さんは、坐ったままの姿で亡くなられたというのです。

禅板といって、板をからだにあて、そして胡坐《こざ》を組んで坐られて、禅定《ぜんじょう》の状態のまま亡くなられたそうですが、それを見られた良慶和上は、「御老師は生きておられるのではないかというようなお姿で亡くなっておられ、びっくりした」という話を私はよく聞かされていました。

ですから、和上はどんな往生の仕方をされるのかとよく考えていました。おそらく「ぼちぼちお迎えがこられたさかいに、そこに布団をひけ。西の襖を開けんか」と弟子にいい、「なむあみだぶ、なむあみだぶ」と唱えながら、すーっと逝かれるのだと思っておりました。しかし、ちょっと違いました。

おそばにおられた家族の方によりますと、朝の四時にいつものとおり起きられて、「電気をつけてくれ」といわれるのです。それで電気をつけた拍子に「あっ、いたー」と大きな声でおっしゃいましたので、「どこが痛いのですか」とお聞きしますと、そのままふっと亡くなられたのです。私たち周りの者としては、最期のお言葉が「痛い」といわれたのでは、やはり少し辛い。「なむあみだぶ、なむあみだぶ」で、すーっと逝かれるのだとばかり思っていましたから。

良寛さんは「裏を見せ表を見せて散る紅葉」と辞世の歌を残し、仙崖上人は「死にとうない、死にとうない」と書いてあったといいます。しかし、当代きっての名僧が、これでは困るといわれて、さらに「ほんまに、ほんまに」と書き加えられたそうです。それもまあ、人間の気持ちをいい表したものだと思うのですが、私の師匠は「あっ、いたー」といって亡くなった。お医者さんに聞きましたら、「それは頭の天辺の太い血管がポロッと切れたんですわ。あるいは心臓かな。心臓が急にグッときたんやろか」とおっしゃる。心臓が急に止まったのでは大きな声で「あっ、いたー」とはいえないと思います。だから、頭の血管が切れたのかもしれないと私は思っていました。

しかし、和上が亡くなられてから毎朝拝んでいるうちに、「あっ、いたー」といわれたのは、からだの痛さではなくて、西方極楽浄土の扉が「開いたー」といわれたのではないかと思えてきたのです。

清水寺は、「南無観世音菩薩」がふつうで、「南無阿弥陀仏」というのは宗旨ではありませんから、「なむあみだぶ、なむあみだぶ」という言葉は、口癖のようには出てきません。しかし和上は、百九歳のちょうどお釈迦さまの亡くなられた涅槃の日の朝四時に、阿弥陀さまが開けられた扉から旅立たれました。それが御縁日だと思い、私はそれから毎朝、阿弥陀経をあげております。

阿弥陀経の中には、「青色青光 白色白光 (ショウシキショウコウ ビャクシキビャッコウ)」(阿弥陀さまの光が白い光、黄色い光、赤い光として燦々とあらわれている)と書かれているくだりがあります。ですから「和上は亡くなったのではなくて、阿弥陀さまの世界にお生まれになったのだ」と思うと、「なむあみだぶ、なむあみだぶ」という言葉で、私の気持ちは救われたように思いました。

和上は、「お前ら、心配することいらん。今は、阿弥陀さまの極楽で修行して、またもういっぺん若いお前らを手伝いに来るぞ」といってくられるような気がします。今も和上に見守られている思いです。

俺の甲斐性やというのは邪見なん

皆さんのご恩恵で生きていられるというのが、正しい料簡なん。俺は俺の甲斐性やというのは邪見なん。もったいないとか、ありがたいとかいう気持ちがないようになったら邪見になる。

良慶和上のお言葉の中で、多く取り上げられていることのひとつが、「人ひとりでは生きられない」「周囲の人のお陰で生きている」ということでしょう。さらにいえば、「人は、そのことをもっと知るべきだ」ということだと思います。

「自分の力だけで今がある」ということは、明らかな誤解、うぬぼれだと思います。日常の生活の中でも、すべてが他人様のお陰といっても過言ではありません。

それでは、人はなぜそのことを気に留めないのでしょうか。そのことに気がつかないのでしょうか。それは、日頃から物事に対して、一歩引いて考えること、観ること、行動することが身についていないからだと思います。

順風のときは「俺が、俺が」、逆風になると人の後ろに回って「あいつが、あいつが」と、これではいつも「わが身可愛さ」以外の何ものでもありません。順風のときは「皆さんのお陰」、逆風のときは「自分に何か原因が」と考える謙虚さがあれば、逆風もまた自分の糧になります。

そして、何ごとも「自分の糧」とするならば、逆風もありがたいことでしょう。そう考えられる鍛錬をすることが、「皆さんのお陰で生きている」という考えに通じるのです。

よこしまな見方では、正しい料簡に気がつきません。正しい料簡とは、人のご恩に気づくこと、人のご恩を忘れないことです。そうすれば、邪見は入り込む隙がありません。

自分の足下を知るということが大切です

人間というのはね、賢そうにみえても、自分を見失うことがなんぼもあります。自分を見守っているのはよっぽど確かな人です。自分の足下を知るということが大切です。

男性は男性なりに、女性は女性なりに、親は親なりに、子は子なりに、学生は学生なりに、社会人は社会人なりに、……人は人なりに、それぞれ立つ場があります。その立っている場をわきまえることができなければ、自分を見失うことになります。

それでは、自分を見失ったときのことを冷静に思い返すことができるでしょうか。それができなければ、見失った自分をたえず過去に置き去りにしていることになります。案外、一生のうちには自分を見失っているような行動が多いものです。少なくとも、端からみればそう感じられます。

ただ、「自分を見失った行動」を少なくすることはできます。そのひとつが「自分の立っている場をみつめる」ということです。えてして人は、それを忘れがちです。ですから、冷静に思い返すことも忘れ、過去に置き去りにしたことも忘れ、見失うことをくり返してしまうのです。「自分の足下」を知れば、なぜ自分がそこに立っているのか、立っていられるのかがわかると思います。その、知ることを日々心に留めて置きさえすれば、自分を見失うことはほとんどなくなるのではないでしょうか。たえず自分を見守っていられるのではないでしょうか。

片方がよかって、片方がわるい

自分がええことしようと思ったら向こうに難儀するやつができてきよる。高う売って儲けたというたら、こっちがええことなん。高う買わされたというのが難儀しよる。今の人間の考え方やったら、片方がよかって、片方がわるい。

「あちらを立てればこちらが立たず、こちらを立てればあちらが立たず」と、よくいわれます。あちらとこちら、両方ともに立つことはむずかしいようです。しかし、できないことではないと思います。

漫才では凸凹コンビがよくみられますが、見た目の凸凹は世の中に無数にあります。しかし、それがあるから世の中はバランスが取れているともいえます。「つっこみ」と「ぼけ」で、程良く調和が取れていると考えたらいかがでしょうか。決して凸がよくて凹がよくないというわけではありません。

ただ、どうも漫才のような笑いの世界が、笑いではすまされない状況になって現実の世界に入ってきているようです。「自分さえよければ、相手のことなどどうでもいい」という世界です。

強者が弱者を慮る、凸が凹と補いあう世界が本来の姿だと思います。しかし、現実は強者はあくまで強く弱者をも蹴散らし、凸はますます背を伸ばし、凹はますます穴を深めていく。そこには相手を思う気持ちなどないのです。

いつからこのようになってしまったのでしょうか。お金は大事ですが、それがすべてではありません。「ちょっと負けてくれへんか」という会話ができる世の中であってほしい。もちろん商売ですから、値切りがいつも成立するとはかぎりません。しかし、売るほうには、せめてそれに応えられる気持ちの備えがあってほしいし、買うほうには応えてくれるかもしれない売り手の心に、心で訴えてほしいのです。

どこへ放り込まれても、そこが自分の修行の道場

人間の値打ちというものは、安心してどんなところへ放り込まれても
そこが自分の修行の道場で、これが自分の喜びの世界、光の世界、光明
の世界であるというところに、道場がなければならん。

「少しは他人の飯を食ってこい」とか「他流試合をしてこい」とか、「もう少し社会にもまれたほうがいい」などといいます。簡単にいえば、「いつも気心の知れたところばかりにいたのでは、成長しない。自分を磨けない」ということです。「いつもの修行が本物かどうか、試してこい」ということでしょう。

人は、どこにいようが、どのような立場にあろうが、今いる場所が道場です。「厳しい道場だな」と感じれば、まだまだ自分は修行が足りないのかもしれないし、「楽しい道場」だと感じれば、自分の修行は間違っていなかったのかもしれない。

しかし、どちらにしろ人生は道場にいることであるし、人生は修行の場です。要は、人生という道場で自分をいかに磨くか、です。どのような場所、いかなる立場であろうと、研鑽の日々に違いありません。

机上で学んだことが、そのまま社会で役立つ、通用するとはかぎりません。むしろ、その多くが、通用しないことばかりかもしれないのです。それは、学校で学んだ英会話の成績がどれほどよくても、一度もネイティブスピーカーと話したことがないのでは、通じるかどうかわからないのと同じです。プールでは泳げても、海では泳げないのと同じです。やはり、実践でもまれること、磨くことがいちばんです。

修行は、すべてが実践に通じます。そして、実践（人生）は、終わりのない修行です。

古里をいでてみ寺にわび住まひ　母の文のみ守り袋に

和上の母想い

先師良慶和上は、お若いころより漢詩や和歌を無礙《むげ》自在に詠まれています。そして、その多くが今日まで『慈眼』をはじめ和上の著書に発表されてきておりますが、どの和歌を読ませていただいても、とてもやさしく温かい心が脈々と伝わってまいります。これは、和上の観音行の、ことに御母堂様をお偲びになられたお気持ちが、この普門慈眼の心にあるのではないかと思うのです。

和上は、少年時代の回顧談には、いつも必ず次のお話をされました。

奈良県立郡山中学校在学中の十五歳のときに、両親に呼ばれて興福寺再興のために多武峰《とうのみね》から一人僧侶を出すことになった。和上に得度するようにいわれたそうです。しかし、そのころはまだ、明治維新廃仏の痕跡が深い時期であり、僧侶になるというようなことは、とうてい考えられなかったときです。歴史を誇る名刹の多武峰妙楽寺も廃寺となり、したがって和上の厳父広海師は一山の執行代でありましたが、復飾《ふくしょく》を余儀なくされたころです。

和上は、幼少ながら大きな夢をもっておられ、厳父様の勧めにはなかなか応じようとなさらなかったのですが、仏教信仰が特に厚く、還俗《げんぞく》された夫君を懸命に支えられておられた御母堂様が、その傍で、「あなたがお坊さんになってくれたら、私はたいへん嬉しい」と申されたそうです。それで和上は、お母さんが喜んでくださるのならお坊さんになろうと決心されたと承っております。

ところが、和上二十五歳（明治三十二年〈1899〉）の春、法隆寺勧学院を優等で修了されて、大本山興福寺住職に就任された矢先に御厳父様を亡くし、その看病で疲れられた御母堂様と妹さんを興福寺に引き取り、いよいよこれから孝養を尽くそうとされましたが、相次いでまたお二人とも亡くされるという残念極まる世の無常にさらされたのでありります。いざ両親への孝養という矢先の出来事に和上のお気持ちを察するに余りあります。

母びとと聞くもうれしや顔ながめ膝にすがりし思ひ出のわく

古里をいでてみ寺にわび住まひ母の文のみ守り袋に

というお歌を読むたびに胸に熱いものを感じます。

さて、和上は大正三年（1914）、四十歳で清水寺を兼務住職として就任されますが、常に御母堂の供養を篤くつづけられ、何か新規大事業を発願されるときには、必ず御母堂への報恩の念が深くこめられております。

まず、清水寺晋山の翌大正四年より「盂蘭盆法話」(八月一日〜五日)を開筵《かいえん》されております。その第一回の講題が『盂蘭盆経』であるところから「うらぼん法話」と命名され、今日もなおつづいておりますが、その『盂蘭盆経』は釈尊の弟子・目蓮尊者が亡母を慕い回向《えこう》するという内容です。そして、この亡母回向ということから和上の京都市をベースにした全国法話布教が始まったのです。

さらには、大正九年(1920)、京都仏教護国団団長として、同志とともに京都養老院(現在の老人ホーム同和園の前身)を創立され、母堂の回向を念じ私財を投じておられます。

また、昭和四十年(1965)、当山が北法相宗として独立、初代管長として就任され、北法相宗仏教文化講座を開設されたときも、その講本に、鎌倉時代の法相《ほっそう》の大学僧・良遍大徳が、母親の安心立命のために法相唯識の教学をわかりやすく和文で著された『法相二巻抄（唯識大意）』を選ばれ、「唯識法話」として月二回定例に継続されました。

なお、九十四歳になられたとき（昭和四十三年〈１９６８〉）には、生まれ故郷の多武峰に帰参され、またご両親の七十回忌の法要を厳修《ごんしゅう》されています。自分の生存中に両親の七十回忌法要を営まれるということは、常人にはほとんど叶いえない希有のありがたいかぎりであります。しかも、和上は百九歳の長寿を全うされました。

父母に相逢ふ事のかなはねど百に八つの姿みせたや

このように和上の御一生は、御両親、ことに御母堂の謝恩供養であるともいえましょう。この誠から詠まれた和歌は、実に私どもの心底に谺《こだま》し、『観音経』の示現としてありがたく恭受するものであります。

あとがきにかえて――心の香り京の香り

人間には、心の中に香りがある

「心の中の香り」をどのように文字で著せばよいのでしょうか。良慶和上の著書に出てくる言葉、句、すべてが心の香りといえます。文字に変え、言葉に変えた、厳しくもあたたかい和上の心の香りです。

人は、そう簡単には心の中に香りをもてるものではないと思いますが、和上の教えを読むたびに、香りが漂う気がします。ただ、読み終えると、それははかなく、残り香もなく消えてしまうのです。そして、次に読むときにまた、あらためて香りを思い出す、そのくり返しです。

読み返すたびに思うことは、いつか心の中にこの残り香を醸し出せるようになれたなら、そのときはじめて『心』全五巻を「読み終えた」といえるのかもしれないということです。もしかしたら、永遠に読み終えることはないのかもしれません。それは、私たちの心しだいでしょう。

京の街を歩くとき、このお言葉「人間には、心の中に香りがある」が、いつも心にあります。街にも香りがあるならば、店先に漂うお香の匂いは、まさしく京都の香りです。

そして、それはいつも「心」を論じた良慶和上の心の香りでもあると思います。

最後に、『大西良慶和上全和歌集』に掲載の約三千首の中から四十首をご紹介して、本書の筆を置きたいと思います。

森清範貫主よりご寄稿いただいた「良慶和上追慕　五」にもありますように、和上の親想い、特に母想いが如実に表れた、そしてそれは現在の世の中が忘れかけている「親の恩」を、私たちの心へ直接に問いかけている句であると思います。

重荷負ふうきもしのびて安かれと唯一筋に日をかぞへつつ

生と死のさかひをこゆる苦しみも子故に堪ふるものと知られて

一声に夜の明けそめし思ひして長き闇夜を忘れたまひし

餌をはこぶやせ細りたる雀見て母の心のしのばるるかな

夜もすがら乳児の目ざめを案じてぞ身をぬれ床に沈めがちなる

天地の恵みの露のなかりせば二葉の草も生ひたち得まじ

降るにつけ照るにつけても筒井筒母の姿の絶ゆる間のなき

うせし子を尋ねて狂ふ物語今もかはらぬ親心かな

子の為と造りし罪に悔いはなき天の下にて唯御親のみ

身を捨てて虎に与えし御仏に似たるは親の意《こころ》なるかな

遊ぶ子の帰るを待ちて夕暮の門に立ち居る母は菩薩よ

影膳を据ゑて待つ母を忘れずは海山の難あらじと思ふ

衰ふる妹の姿に先立つは親にかはれるわが涙なり

いつくしみかなしみ深きめぐみこそ母に似ませる御仏にして

八十八の翁となりてしみじみとおやを思ひの幼心よ

父母をおくりて六十余年なり思へば長き月日なりけり

父母《ちちはは》の事かく文と見るたびに落つる涙のとどめかねつも

吾子《あこ》祈る悲し傷みの老いの身になき父母をなほ偲ぶかな

父母の深き情のこの身なり導き給へ南無観世音

七十《ななそ》とせわかれて長き月日にも夜毎の夢はことにみじかき

思ひ出で思ひ出の涙たらちねの手向けの水となり得むや否

父母の深き恵みのこの身にて酬ゆる術なく今日となりけり

老いの身は翁姿とかはれどもをさなきままの父母の前

日毎夜ごとをさな姿に涙するわれに楽しきたらちめの膝

父母もわれも老いずに見らるるは夜ごとの夢の間にぞありける

九十五年親と同居のこの幸を教へたまへり有難きかな

老いの坂登り来しこそ不思議なれ曳く手押す手にすがりながらも

垂乳母はわれをすなほにて孝行と時々ほめてゐみたまひけり

雪積めば村の学舎にわれを迎ふ母は杖つき足袋はだしにて

たらちめの左右にいぬる兄弟はこちらをむけと夜毎あらそふ

われ十五出家の心きめし時信心の母大喜びに見し

桃太郎花咲爺の話にて夜毎の夢はやすらかとなる

母の文懐にして夜にひるなつかしみけるうすぐらき部屋

病める母駕籠にて奈良の吾がへやに仕へしわづか二月の間

御覚悟ありしと見えて幾度か写真をとれと言ひたまひしに

月日流れはや七十年にあひにけり心にあるは今なほ若き

われ九十五母五十六母思ふ時不思議なるかな子供となりぬ

いまいづこ尋ぬる力なけれども唯安かれと明け暮れ祈る

母人ときくもうれしや顔ながめ膝に遊びし思ひ出のわく

み仏も人の子なれば娑羅林に母をひと目とまちたまひけり

大西良慶和上全和歌集

本文・カバー写真／小鳥遊　直樹

心の師 ■ 良慶和上 ひと言

2006年８月15日　初版第１刷発行　〈検印省略〉

編著者　髙梨　直樹

発行所　株式会社ペネット
発売所　株式会社日本ビジネスプラン

〒114-0005　東京都北区栄町１―１
TEL 03-5390-7673
FAX 03-5390-7674

乱丁・落丁本はお取り替えいたします。印刷・製本／富士美術印刷株式会社

ISBN4-86114-170-2　C0034